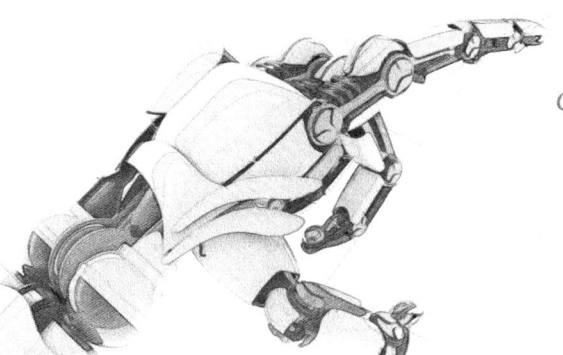

Research on High-Quality Development of China's Export Trade Under the Background of Industrial Intelligence

工业智能化背景下
中国出口贸易高质量发展路径研究

谷均怡 ◎ 著

企业管理出版社
ENTERPRISE MANAGEMENT PUBLISHING HOUSE

图书在版编目（CIP）数据

工业智能化背景下中国出口贸易高质量发展路径研究/
谷均怡著. -- 北京：企业管理出版社，2023.12
ISBN 978-7-5164-3033-0

Ⅰ.①工… Ⅱ.①谷… Ⅲ.①出口贸易—贸易发展—
研究—中国 Ⅳ.①F752.62

中国国家版本馆CIP数据核字（2024）第026932号

书　　名：工业智能化背景下中国出口贸易高质量发展路径研究
书　　号：ISBN 978-7-5164-3033-0
作　　者：谷均怡
策　　划：张　丽
责任编辑：耳海燕
出版发行：企业管理出版社
经　　销：新华书店
地　　址：北京市海淀区紫竹院南路17号　　邮　　编：100048
网　　址：http：//www.emph.cn　　电子信箱：lilizhj@163.com
电　　话：编辑部18610212422　　发行部（010）68701816
印　　刷：北京亿友创新科技发展有限公司
版　　次：2024年4月第1版
印　　次：2024年4月第1次印刷
开　　本：710mm×1000mm　　1/16
印　　张：12.75
字　　数：180千字
定　　价：78.00元

前　言

改革开放 40 多年来，中国出口贸易飞速发展，于 2009 年超越德国成为世界第一出口大国。然而，2008 年金融危机以后，由于外需疲软和我国劳动力资源禀赋渐次消失，中国原本在劳动力密集型行业的比较优势难以为继，寻找国际分工中的新比较优势成为当务之急。面对发达国家"高端回流"和发展中国家"中低端分流"这一双重挤压局势，人工智能的蓬勃兴起为解决上述问题开辟了新思路。2015 年，国务院印发的《中国制造2025》明确提出将机器人作为重点发展领域，以期通过"机器人革命"推动中国从"制造大国"向"制造强国"转变。事实上，工业机器人已被广泛应用于企业生产加工环节，对国际分工格局产生了质的影响。因此，基于智能化生产技术应用探讨推进中国出口贸易高质量发展的路径及对策建议，不仅为中国如何化解劳动力供给疲软、落实党的二十大报告提出的高质量发展提供理论支持，也是协同推进战略性新兴产业发展和更高水平对外开放的必然要求。

本书以工业智能化为背景，以出口贸易发展为视角，旨在系统探讨工业智能化背景下推进中国出口贸易高质量发展的路径和对策建议。为此，本书在系统梳理出口贸易高质量内涵、相关国内外研究的基础上，首先，从中国工业智能化发展总体格局与主要问题、不同时期中国出口贸易的变化特点及发展特征、中国出口贸易中工业智能化的应用情况三个方面，全面剖析中国工业智能化以及出口贸易发展的基本事实；其次，从出口规模、出口产品种类、出口产品质量和出口企业创新四个维度，实证研究工业智能化对中国出口贸易高质量发展的影响效应及作用机理；进而提出工业智能化背景下推进中国出口贸易高质量发展的对策建议。本书研究表明：

第一，中国外贸增长方式由"唯数量论"转变为兼顾"量"和"质"，出口产品质量整体提升，但行业分布差异明显。企业使用机器人后出口规模和出口产品技术水平均有普遍提升，但机器人应用后企业的出口增长主要来自加工贸易。

第二，工业智能化为中国出口创造了新的增长点，推动了出口产品技术结构优化，但不利于贸易方式转型升级，且智能化引致的要素空间集聚促使其在促进本地出口增长的同时，抑制了周边城市出口扩张，导致"强者越强、弱者越弱"，但总体上推动了中国出口增长。

第三，工业智能化通过提高企业生产率、扩大市场份额、增加高质量中间品进口促进了企业出口产品多元化提升，且该效应具有动态变化和企业异质性。但是，智能化会促使行业内企业间抵御外部冲击的能力差距拉大，资源配置的不平等态势逐渐凸显。具体来看，工业智能化对企业出口产品多元化的提升效应在企业进口机器人当年显著，第二年达到最大，随后逐渐减小，在第五年完全消失，该效应主要体现在非国有企业、一般贸易企业以及高竞争行业企业上。

第四，上下游产业配套能力对企业出口竞争力的提升至关重要，加大行业内和上游行业工业智能化对企业出口产品质量提升具有显著的促进作用，下游行业的影响并不明显。同行业工业智能化对劳动密集型企业产品质量的促进作用仅体现在食品和饮料业以及木材和家具业，对纺织和服装业的产品质量具有负向影响但不显著。

第五，工业智能化显著促进了企业新产品产值的提高，有利于企业创新。从企业创新的动机视角来看，工业智能化显著增加了出口企业专利申请总数，尤其是发明专利申请数量显著增加，表明工业智能化推动企业实施实质性创新战略，在技术创新过程中更加注重创新"质量"而非创新"数量"。

第六，协同推进以化解劳动力供给疲软为基础的工业智能化和以促进出口稳定增长、增强国际竞争力为抓手的外贸高质量发展，是实现制造业强国梦和构建新发展格局的根本着力点。为进一步推进出口贸易高质量发展，我国应优化机器人产业战略布局，加强国内上下游产业联动和结构调整，构建区域分工合作体系，以区域合作促进区域间协调发展，引导创新资源平等配置。

当前，以工业智能化为研究主体的文献大多探究其对劳动力市场的影响，对国际贸易的影响研究相对较少，且缺少微观层面以中国为研究对象的分析。本书从出口规模、出口产品种类、出口产品质量和出口企业创新四方面出发，兼具创新性和稳健性地基于"逐年 PSM（Propensity Score Matching，倾向得分匹配法）＋多时点 DID（Difference in Differences，双重差分法）"、事件研究法、合成工具变量法、负二项分布回归模型等方法，利用多维数据库，量化评估了工业智能化对中国出口贸易高质量发展的作用效果及影响路径，提供了更充裕的基于中国情景的经验证据，极大丰富了现有文献对工业智能化与国际贸易问题的研究视野，并为相关研究提供了新的理论解释和科学支撑。

目 录

第一章 导论

第一节 研究背景与意义

一、研究背景

1. 中国人口红利逐渐消失，"机器换人"将成必然趋势

过去由于我国的人口基数大，制造业增长主要依靠低成本优势，而当前我国人口结构开始步入老龄化，适龄劳动力占比不断下降。国家统计局数据显示，我国16—59岁劳动人口比重从2010年的70.14%持续下降至2023年的61.3%。劳动力数量减少和最低工资的上涨直接导致劳动力工资攀升，城镇非私营单位在岗职工的年平均工资从2010年的37,147元提升至2022年的114,029元，年均增长率将近10%。劳动力成本优势不再、人口红利逐渐消失意味着中国应变更经济发展模式，通过引进新型生产方式扭转不利局面。

在新一轮科技革命下，人工智能技术的蓬勃兴起为世界经济变革注入了一股新动力。近年来，移动互联网、大数据、超级计算、传感网等相关领域技术的更新推动了人工智能技术的应用与发展（曹静和周亚林，2018），而作为人工智能技术最重要的载体之一的工业机器人在企业中的应用愈发普遍。作为实现智能化生产的终端设备，工业机器人在我国制

造业转型升级中发挥着至关重要的作用，因此政府多次出台政策措施推动机器人产业飞速发展。2015 年，国务院公布的《中国制造 2025》中明确了工业机器人在制造业升级中的重要性；2021 年 3 月，"十四五"规划明确提出"将人工智能列为前沿科技领域的'最高优先级'，重点推动包括机器人在内的战略性新兴产业发展"。得益于产业政策的支持以及新冠疫情反复造成的"用工荒"，工业机器人使用规模快速增长，"机器换人"将会成为制造业发展的必然趋势。图 1-1 报告了 2000—2019 年中国工业机器人总保有量的变化趋势，可以看出 2006 年之前中国工业机器人保有量微乎其微，2013 年开始机器人总保有量大幅度增加，2016 年起总量持续位居世界第一。在工业机器人价格方面，我国机器人的进口平均价格已经从 1996 年的每台 4.67 万美元下降至 2019 年的每台 1.63 万美元，工业机器人价格的下降、劳动力工资的上升以及"机器换人"实现的产品精度和质量的提高，使得当前企业采用机器人替代人工生产具有很高的性价比。

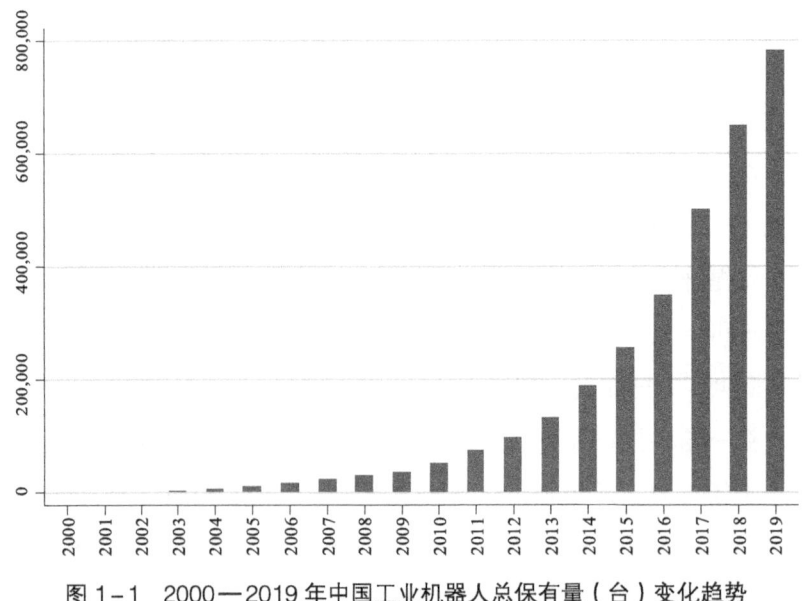

图 1-1　2000—2019 年中国工业机器人总保有量（台）变化趋势

数据来源：国际机器人联盟数据库。

2. 中国外贸增长方式由"唯数量论"转变为兼顾"量"和"质"，出口结构持续优化

改革开放以来，中国凭借丰富的物质资源和人口红利带来的劳动力成本优势，融入了以发达国家为主导的国际分工体系，金融危机前出口规模呈现急速扩张趋势，从 1978 年的 211.7 亿元人民币上升至 2008 年的 100,394.94 亿元人民币，在 30 年间出口贸易规模扩大了约 474 倍。但在贸易大国背后，贸易顺差增长过快引致的贸易不平衡矛盾，低附加值、低技术含量的出口结构造成的高能耗、高污染以及国际贸易摩擦压力加大等问题愈发凸显。"大而不强"的贸易特征促使 2005 年的中央经济工作会议提出，"要加快转变外贸增长方式，优化进出口商品结构，努力改善贸易不平衡状况"，坚持以质量取胜，"唯数量论"被逐渐摒弃。

以出口结构为例，2000—2019 年，我国出口贸易方式从以附加值低的加工贸易为主优化转变为以附加值高的一般贸易为主。加工贸易出口额从 2000 年的 1,376.52 亿美元上升到 2019 年的 7,354.36 亿美元，而一般贸易出口额则从 1,051.81 亿美元上升至 14,444.07 亿美元，一般贸易出口额占出口总额的比重由 2000 年的 44.21% 上升至 57.79%[1]。与此同时，中国出口产品技术结构也从以低技术含量为主逐步转变为以中高技术含量为主。初级产品的出口份额逐年减小，2019 年仅为 2.89%，低技术工业制成品的出口份额从 2000 年的 42.79% 下降至 2019 年的 27.98%，而高技术工业制成品的出口份额从 23.31% 上升至 35.90%[2]。《"十四五"对外贸易高质量发展规划》进一步指出，2020 年中国贸易结构持续优化，机电产品出口占比同比提高 1.9 个百分点，高达 59.5%，一般贸易进出口占比持续增长至 59.8%，知识密集型服务贸易成为服务贸易的重点。

---

① 数据来自《中国贸易外经统计年鉴》。
② 数据来自 BACI-CEPII 数据库。

3.我国出口贸易增速放缓，外贸发展环境更为严峻复杂

受国际金融危机的影响，2009 年中国出口规模有所下降，但 2010 年迅速回升；2015 年和 2016 年出口贸易再次出现负增长，出口增长率由 2010 年的 30.47% 下降到 2016 年的 –1.95%。尽管 2009—2016 年这段时间，受全球经济疲软的影响，中国出口贸易增速呈现下降态势，但出口贸易规模仍然保持在高位。2017 年以后，受中国主要出口目的国（地区）经济复苏以及中国采取的一系列"稳外贸"政策的影响，我国外贸出口快速回稳且持续向好，出口规模从 2017 年的 15.33 万亿元人民币上升至 2020 年的 17.93 万亿元人民币①。总体而言，2009 年以后，我国出口贸易呈现增速放缓的趋势，迫切需要培育新的竞争优势。

在过去的几年里，中国外贸发展环境更为严峻复杂：一是受全球疫情持续蔓延和反复的影响，国际商品和要素流动受阻，外部需求不稳定性增强；二是贸易保护主义和霸权主义盛行，贸易壁垒尤其是"技术封锁"增多，贸易摩擦加剧；三是发达国家"再工业化"战略以及东南亚国家加工贸易的快速崛起，导致"中国制造"面临巨大的压力和挑战。在此背景下，中国需要为稳外贸、稳出口注入新思路和新动能。

二、研究意义

2006 年中国将智能机器人列为先进制造技术，旨在通过重点发展先进制造业抢占新一轮科技革命和产业变革的先机以及下一代制造技术的制高点，2021 年"十四五"规划将机器人产业作为国家战略性新兴产业，并出台一系列扶持政策推动机器人产业发展和技术创新。作为处于经济转型期的发展中国家，机器人的大规模应用势必会对中国出口贸易高质量发展带来深刻影响。在中国劳动力成本不断上升、人口红利消失的背景下，深入研究工业智能化对中国出口贸易高质量发展的影响，具有重

---

① 数据来自国家统计局。

要的理论意义和现实意义。

（1）为研究工业智能化影响出口贸易高质量发展提供了新的研究视角和理论分析框架。虽然工业智能化很早就得到了学者们的广泛关注，但现有文献主要集中于研究工业智能化应用对劳动力市场的影响，鲜有研究以中国为研究对象讨论工业智能化对中国出口贸易的影响，尤其是出口贸易高质量发展的影响。因此，本书从出口规模、出口产品多元化、出口产品质量以及出口企业创新多方面考察工业智能化的出口促进效应和出口升级效应，丰富了工业智能化影响效应的研究视角。此外，已有研究仍然缺乏智能化影响出口规模和出口企业创新的作用机制分析，本书构建了用于分析工业智能化影响出口贸易高质量发展的理论分析框架，并从不同角度提出了相应的影响机制。

（2）为当前贸易摩擦加剧背景下实现中国出口可持续增长提供新出路。改革开放40多年来，中国出口贸易飞速发展，于2009年超越德国成为世界第一出口大国。然而，2008年金融危机以后，由于外需疲软和我国劳动力资源禀赋渐次消失，中国原本在劳动力密集型行业的比较优势难以为继，寻找国际分工中的新比较优势成为当务之急。本书研究了工业智能化对中国出口规模的影响，为确保当前我国"稳出口"提供了新的可能，具有深刻的现实意义。此外，中国先后出台的《对外贸易发展"十三五"规划》《关于推进高质量发展的指导意见》，提出要提高高技术含量产品在进出口中的占比，着重发展高质量、高附加值贸易。据此，本书进一步从出口方式和出口产品技术结构的角度探讨了智能化应用对中国出口产品结构的影响，这有助于客观评估机器人产业政策的经济效益，特别是其对我国出口贸易转型升级的影响。

（3）为中国出口贸易高质量发展和创新发展提供路径选择。从国内环境来看，中国依靠丰富的廉价劳动力专业化于全球价值链的低端环节；而从国外环境来看，以美国、德国和日本为典型代表的发达国家纷纷提出"再工业化"战略，促进制造业回流，进而对中国出口存在一定的压制作用。面对内外双重压力，中国制造业和对外贸易必须走转型升级之路。本书基于中国工业企业数据库、中国海关数据库和国际机器人联盟数据，深入考察机器人应用能否成为中国对外贸易可持续发展和高质量发展的新动力，为中国借助"中国制造2025"战略推进贸易高质量发展进程提供了新的经验证据，具有一定的学术价值。

第二节　研究现状及评述

本书分别从技术进步的出口促进效应、工业智能化应用与发展、工业智能化与国际贸易三个主要方面梳理和总结了国内外现有研究，并对其进行评述。

一、出口贸易高质量发展内涵

加快外贸转型升级、推动贸易高质量发展是当前深化改革工作的重中之重。其中，出口贸易高质量发展包含的内容非常丰富，但目前并没有明确统一的定义。毛其淋和盛斌（2021）以及毛其淋（2019a）将加工贸易出口技术复杂度提升视为加工贸易转型升级；张夏等（2019）采用出口产品规模和出口产品质量度量出口贸易高质量发展；马述忠等（2016）采用企业全要素生产率、一般贸易出口占比以及全球价值链地位作为出口贸易高质量发展的具体衡量指标。虽然出口贸易高质量发展的内涵丰富，但其最终结果无疑是出口产品由低质量、低技术、低附加值向高质量、高技术、高附加值转变，外贸企业由模仿创新向自主创新转变。进一步结合2019年中共中央、国务院印发的《关于推进贸易高质量发展的指导意见》，本书采用出口产品质量和出口企业创新能力来刻画出口贸易高质量发展程度。而在现阶段外需疲软、贸易摩擦加剧的背景下，在外贸提质增效的同时保持外贸持续稳定增长是中国政府的主要工作目标。出口规模可以直观反映出国家对外贸易发展的强弱，对出口贸易高质量发展同样至关重要。与此同时，出口产品多元化不仅有助于规避风险、增强抵御外部冲击的能力（Jansen，2004），还有利于改善贸易结构、提高贸易利得，更是企业实现战略扩张和技术升级的重要途径（Hausmann 等，2007）。国内诸多研究发现多产品企业的生产率水平和获利能力均明显大于单一产品出口企业（易靖韬和蒙双，2017），是我国由贸易大国向贸易强国转型的关键。因此，本书从出口规模、出口产品质量、出口产品多元化以及出口企业创新能力四个角度考察工业智能化对中国出口贸易高质量发展的影响，兼具了对出口贸易"量"和"质"的考量。

二、技术进步对出口贸易的影响研究

长期以来，技术进步一直是影响各国对外贸易规模、贸易模式、贸易结构和国际分工形式的重要因素（Acemoglu，2003；Bernard 等，2007；傅帅雄和罗来军，2017；马丹等，2019）。早在新古典贸易理论时期，比较优势理论（Ricardian Model）和要素禀赋理论（Heckscher-Ohlin Model，简称 H-O 模型）指出国家间相对技术差异是决定国际分工和贸易模式的重要因素，研究发现，基于规模报酬不变和完全竞争市场假定，外生技术进步可以降低一国的相对生产成本，增强原有的比较优势。但是由于外生技术进步无法清晰阐述出其对国际贸易的影响（Jones，1970），因此新贸易理论进一步将技术内生化，从产业内贸易和产品内贸易的角度解释技术进步对国际贸易的影响。Krugman（1985）以李嘉图模型为基础构建了技术差距贸易模型，区分了国家和产品间的技术等级，研究发现，在生产和出口技术密集型产品方面，发达国家具有比较优势，发达国家的技术进步将创造更多的贸易机会，使得发达国家和发展中国家均受益，而发展中国家的技术进步将导致发达国家在贸易受益上减少。Trefler（1993）在 H-O 模型中纳入技术进步因素，认为由于一国的要素禀赋是外生给定的，各国会通过内生的技术进步提高要素利用效率

和调整要素结构来打破要素禀赋难以改变的限制，最终实现一国外贸结构优化升级。在引入企业异质性后，新新贸易理论认为企业异质性导致了发展中国家难以实现出口比较优势升级（Bernard 等，2007），主要原因在于企业异质性放大了出口贸易的比较优势，相比于 H-O 模型，发展中国家具有比较优势的劳动密集型产品的国际市场竞争程度要更大，具有比较劣势的资本和技术密集型产品的国际市场竞争程度更小，促使了发展中国家出口产品技术结构固化。但是这一观点无法解释改革开放以来中国出口产品技术复杂度不断提升的现实情况，因此项松林和赵曙东（2012）认为技术进步并不是中性的，而是偏向性的，发展中国家资本偏向性技术进步促进了其出口贸易由劳动密集型产品向资本和技术密集型产品转变，推动了发展中国家出口比较优势升级。

除了在理论层面进行分析之外，技术进步影响出口贸易的相关实证研究也是由来已久。过去 20 多年信息通信技术（Information and Communication Technologies，简称 ICT）快速发展，诸多学者围绕互联网技术和信息基础设施建设考察了技术进步对出口贸易的影响。早期研究多是基于国家层面的贸易数据，利用引力模型探讨互联网技术发展对国际贸易规模的影响。研究发现，互联网应用（互联网普及率、信息基础设施情况、网址数量等）对服务贸易和货物贸易出口均具有显著的促进作用（Freund 和 Weinhold，2002，2004；Hellmanzik 和 Schmitz，2015），且促进效果随着时间推移不断增强（Freund 和 Weinhold，2002），其中对发展中国家向发达国家出口的促进作用最为明显（Clarke 和 Wallsten，2006）。随着异质性企业理论的提出和发展，越来越多的学者开始从企业层面研究互联网如何影响国际贸易成本和国际贸易。在互联网与贸易成本关系方面，现有研究发现互联网的广泛普及有效降低了企业的交易成本（马述忠和房超，2021）、信息搜索成本（Lendle 等，2016）以及开拓新市场和新产品的贸易成本（李兵和李柔，2017），从而降低出口门槛，实现出口产品种类增加和出口目的国拓展，成为国际贸易比较优势的新来源（Wang

和 Li，2017）。此外，互联网作为一种交易平台，还可以帮助企业向全球范围内的潜在买家发放产品信息，降低了出口特定市场的沉没成本（Freund 和 Weinhold，2004）。而在互联网环境下，电子商务技术，尤其是跨境电商的快速发展同样对贸易成本带来了巨大影响。Fan 等（2018）借助阿里巴巴旗下的淘宝交易数据，研究发现电子商务的发展使得企业在进入新市场时所需支付的门店和铺设渠道等费用大幅度下降，从而帮助企业将销售范围扩大至中小城市。鞠雪楠等（2020）采用 2013—2016 年敦煌网的跨境出口数据，从出口产品生产地和出口目的国视角考察了跨境电商对贸易成本的影响，研究发现跨境电商有助于克服企业进入出口市场的固定成本和可变成本，以及市场规模差异导致的生产固定成本，在跨境电商环境下国家间语言、市场规模、地理距离等因素不再是阻碍国际贸易的成本，国内出口企业的地理区位差异也不再发挥作用，但是此时跨境电商对出口生产地的劳动力成本的敏感程度显著增强。Lendle 等（2016）借助 2004—2009 年 eBay 贸易数据，同样发现电子商务平台降低了地理距离对国际贸易的影响程度。此外，互联网在对上述成本产生影响的同时，也使得企业电商专用性成本例如电子支付费用显著增加（Gomez-Herrera 等，2014）。在互联网与企业出口关系方面，现有研究发现互联网发展显著提高了企业出口概率、出口规模和出口密集度，降低了企业出口产品价格，延长了企业出口持续时间（Yadav，2014；胡馨月等，2021；李兵和李柔，2017；赵瑞丽等，2021）。在出口二元边际中，Huang 等（2018）采用互联网普及率、马述忠和房超（2021）利用跨境电商产业政策实施、Lendle 和 Vézina（2015）借助 eBay 平台的企业交易数据、施炳展（2016）利用双边双向网址链接数据、李兵和李柔（2017）采用企业使用网络主页和邮箱情况、岳云嵩和李兵（2018）利用阿里巴巴付费会员数据，研究发现互联网和跨境电商的发展显著促进了企业出口目的国数量增加。也有研究发现，互联网和电子商务发展增加了企业出口产品种类（李兵和李柔，2017；施炳展，2016；岳云嵩和李兵，2018）。

　　上述研究主要探讨了互联网和跨境电商发展对出口规模、出口扩展边际以及集约边际的影响，研究结论基本一致证明了互联网和电商发展对出口贸易的推动作用。与此同时，随着中国外贸的转型升级，部分学者不再局限于出口本身，重点关注互联网对企业出口升级的影响。Timmis（2013）利用世界银行企业调查数据，研究发现互联网使用使得企业直接出口额占销售额的比重显著提高，但对间接出口没有影响。刘海洋等（2020）利用中国企业数据得到了类似的结论，互联网使用促进企业发生从间接出口转向直接出口的出口模式变革。沈国兵和袁征宇（2020a）在 Kugler 和 Verhoogen（2012）的基础上引入企业管理产品能力和中间品质量差异，从理论和实证层面验证了企业进行互联网化转型引致的产品管理能力增强进一步强化了创新保护对出口产品质量的促进作用。卢福财和金环（2020）从出口技术复杂度的视角同样发现了互联网推动了企业出口产品升级。但是，也有研究发现互联网应用显著降低了中国企业出口产品质量（Huang 和 Song，2019），他们认为互联网对企业出口的促进作用导致出口市场竞争程度加剧，进而使得出口企业，尤其是低生产率的企业选择低价低质量的市场策略。

　　除此之外，Hummels 等（2001）明确指出以互联网为代表的信息通信技术进步改变了传统贸易方式，推动了垂直专业化分工，正在重塑各国在全球价值链生产网络中的分工地位。刘斌和顾聪（2019）基于行业层面数据、沈国兵和袁征宇（2020b）基于企业层面数据，研究发现互联网应用对全球价值链嵌入具有显著的正向影响，有助于提高中国企业出口国内增加值率。施炳展和李建桐（2020）借助 2001—2007 年中国工业企业数据，采用外购中间品占企业单位产值的比重衡量企业专业化分工水平，实证研究发现互联网普及应用显著推动了中国制造业企业进一步参与专业化分工。结合我国实施的创新驱动发展战略，戴美虹（2019）研究发现互联网具有资源重置功能，促进了企业加快淘汰旧产品、生产新产品，从而推动企业开展技术创新活动。沈国兵和袁征宇（2020c）将企业互联网化和创新选择纳入异质性企业分析框架，证明了企业互联网化有利于中国企业创新能力的提高，实证分析结果也证实了这一结论。此外，Paunov 和 Rollo（2016）、Branstetter 等（2019）等国外研究，也发现了互联网应用的创新推动效应。

三、工业智能化的相关研究

每一次科技革命都带来了生产方式的革新，极大地改变了人类生活和生产面貌。21 世纪以来，人工智能、机器人等制造业技术的发展和应用引领了第四次工业革命。伴随着中国劳动力成本上涨、人口红利消失，机器人作为"制造业皇冠顶端的明珠"正式登上中国历史舞台。以机器人为代表的先进制造业成为重塑国际分工格局的核心，更是关乎制造业转型升级和外贸高质量发展的主要抓手（吕越等，2020）。通过对以往工业智能化相关文献的梳理，本书着重分析了工业智能化对生产率和经济增长的影响，以及工业智能化对劳动力市场的影响两部分。

1. 工业智能化对生产率和经济增长的影响研究

不同于以往研究认为存在"信息技术生产率悖论"，工业智能化与生产率的关系得到了较为一致的结论，机器人有助于提高自动化生产水平，能够提升生产率、促进经济增长。Zeira（1998）最早将自动化生产引入多部门经济增长模型，假定产品可以通过手工技术和自动化技术进行生产，生产任务一旦使用机器，劳动力将会完全被自动化技术替代，研究发现当生产率较低时，采用手工生产更有利，而当生产率突破某一临界点时，使用自动化技术生产更有利，总体上自动化程度与生产率增长呈正相关关系。与此同时，生产率的增长速度和经济中的资本回报份额决定了处于最优增长路径上的经济增长率，而生产率增长与资本回报份额都与自动化程度成正比，因此机器人应用有助于经济实现高速增长。

在中国人口红利消失、老龄化加剧的背景下，陈彦斌等（2019）构建了包含人口老龄化和人工智能的动态一般均衡模型，研究发现人工智能通过采用智能化和自动化技术降低生产过程中的劳动力需求、提高资本回报率和全要素生产率的方式，促进了经济增长。林晨等（2020）则构建了包含异质性资本和人工智能的动态一般模型，研究发现人工智能有助于中国资本结构优化，进而促使居民消费扩大、经济快速增长。然而，黄旭和董志强（2019）通过构建含有传统物质资本和人工智能的世代交叠模型，发现在长期视角下如果政府不对人工智能部门的规模加以控制，资本将大量流入人工智能部门，引致部门间收入不平等，阻碍经济增长。Gasteiger 和 Prettner（2020）采用世代交叠模型，同样发现工业智能化会导致劳动力增长幅度下降，进而影响劳动力的收入、储蓄和社会总投资，最终造成经济停滞。Acemoglu 和 Restrepo（2018a）的研究也指出，由于自动化技术创造出的新工作岗位的技能要求往往较高，劳动力技能水平与新岗位的要求不匹配将限制劳动生产率的提升。此外，现阶段不完善的劳动力市场和一些地方政府的过度保护政策，会导致自动化技术被过度使用，进而促使资本和劳动力无法达到最优配置，阻碍劳动生产率提升。

在实证研究方面，许多文献认为工业智能化有助于提高生产率，促进经济增长。Kromann 等（2011）采用国家—行业层面的数据，研究发现无论是短期还是长期，机器人应用都显著促进了生产率提高，当样本中所有国家的自动化程度均提高至行业最高水平时，制造业总生产率将上升 8%—22%。李丫丫和潘安（2017）研究发现机器人进口存在技术溢出效应，显著提高了中国制造业行业全要素生产率，但影响程度取决于制造业技术吸收能力。Graetz 和 Michaels（2018）借助国际机器人联盟数据，以 1993—2007 年 17 个发达国家 14 个制造业行业为研究对象，实证研究发现机器人使用使得劳动生产率增长率年均提高 0.36%，经济增长率年均提高 0.37%。但随着自动化水平的提高，边际效应递减，机器人应用存在"拥挤效应"。李磊和徐大策（2020）基于中国制造业企业数据的经验研究发现，机器人使用显著提高了企业劳动生产率，使用机器人的企业与未使用机器人的企业相比劳动生产率提高了 7.45%。杨光和侯钰（2020）基于理论和实证考察了机器人应用对中国经济增长的影响，研究发现机器人应用直接促进了经济增长，同时还通过提高全要素生产率间接促进经济增长，该间接效应的解释力达到 60%。

2. 工业智能化对劳动力市场的影响研究

工业智能化的广泛应用不仅对生产率和经济发展带来了深刻影响，还引起了公众对失业的担忧，使得机器人对劳动力本身及劳动力市场的影响成为学者们研究的热点问题。那么，工业智能化真的会引致失业吗？诸多文献基于发达国家的数据，研究发现"机器换人"现象的确存在，机器人应用会降低就业（Dinlersoz 和 Wolf，2018；Ford，2015）。Acemoglu 和 Restrepo（2020a）通过构建生产任务模型，研究发现机器人应用会导致劳动力就业和工资下降。同时，进一步以理论模型为基础，根据美国不同地区的产业就业结构和行业层面机器人存量数据，构造地区层面的机器人渗透率指标，利用长差分计量模型，考察了 1990—2007 年间地区机器人渗透率变化对区域劳动力市场的影响。实证研究结果显示，相对于机器人渗透率较低的地区，机器人渗透率较高的地区的就业和劳动力工资较低，每千名劳动力的机器人数量增加 1 台时，就业率将下降 0.2%，工资将下降 0.42%。孔高文等（2020）借助 2012—2017 年中国机器人数据，实证研究发现上一年的机器人使用规模扩大显著降低了当地劳动力就业水平。闫雪凌等（2020）采用中国制造业分行业机器人数据得到了类似的结论。然而，也有研究发现整体上机器人对失业的影响并没有想象中那么大，甚至可能会增加就业，这是由于机器人在替代就业的同时也创造了大量的新的就业岗位。大量的新工作岗位主要来源于两个渠道：机器人的生产力效应（productivity effect）和恢复效应（reinstatement effect）。生产力效应主要是指机器人应用提高了企业生产率，进而促使企业非自动化生产环节的劳动力需求增加（Acemoglu 和

Restrepo，2019；Autor，2015），同时生产率提升降低了产品价格，产品需求增加，引致企业扩大生产规模，从而增加了企业所有生产环节的劳动力需求（李磊等，2021）。恢复效应是指机器人应用创造出了一系列劳动力具有比较优势的新生产任务（Acemoglu 和 Restrepo，2018b）。因此，机器人对劳动力市场的总体影响取决于替代效应、生产力效应和恢复效应的综合影响。Acemoglu 和 Restrepo（2018c）通过构建静态和动态的生产任务模型，认为从长期来看技术进步并未替代就业，而是促进了就业，而这一效应并不是生产率提高所带来的，而是恢复效应导致的。李磊等（2021）借助 2000—2013 年企业机器人进口数据表征企业机器人使用情况，研究发现机器人使用通过就业替代、提高生产率、增加产出规模和市场份额，显著促进了企业劳动力需求增加，其中产出规模扩大是主要的影响渠道，占总效应的 47%。上述研究重点讨论了一国机器人应用对本国劳动力就业的影响，并未从离岸生产国家的角度进行分析。Artuc 等（2020）研究发现发达国家的机器人应用通过增加进口给欠发达国家就业带来了积极影响，而也有研究表明机器人应用带来的离岸生产活动回流对发展中国家就业存在负向影响（Backer 等，2018；Carbonero 等，2020；Krenz 等，2021）。Faber（2020）在 Acemoglu 和 Restrepo（2020a）的基础上引入出口导向型生产部门，认为一个行业的就业可以分为为国内消费而生产的劳动力以及为出口而生产的劳动力两部分，服务于出口市场的劳动力会面临国外工业机器人的竞争冲击，最终得到国内机器人应用、国外机器人应用与本国劳动力需求的关系式。进一步借助墨西哥和美国数据的经验分析结果表明，美国工业机器人大规模应用对墨西哥当地就业率具有显著的负向影响，而墨西哥本国机器人应用对就业率影响不显著，来自美国的机器人冲击提高 1%，墨西哥在 1990—2015 年间就业率下降 0.58%，从全国层面来看美国工业机器人的应用导致 1990—2015 年间墨西哥就业减少了 27 万。与此同时，美国机器人的应用显著降低了墨西哥出口额和出口企业数量，表明美国机器人应用会通过促进离岸生产回流的方式影响墨西哥劳动力市场。

事实上，并非所有劳动力都会从自动化生产技术普及应用中受损或受益，工业智能化对从事不同工作和不同技能水平的劳动力具有明显的差异性影响。现有经验分析结果表明，机器人应用主要对低技能劳动力就业具有显著的抑制作用（Acemoglu 和 Restrepo，2018b；Graetz 和 Michaels，2018；韩民春等，2020）。其中，Acemoglu 和 Restrepo（2020a）研究发现机器人应用对美国蓝领工人的负面冲击最大。不同于技能偏向型技术进步，以 Acemoglu 和 Autor（2011）、Autor 和 Dorn（2013）为代表的研究认为自动化和信息技术进步为任务偏向型。具体而言，计算机化和自动化技术主要替代了从事重复性、常规性生产任务的中等技能劳动力，而对需要人与人面对面交流或人与工具接触的非常规简单劳动以及非常规复杂劳动的替代性较小，进而可能导致中等技能劳动力就业份额下降、低技能和高技能劳动就业份额上升，出现就业极化现象。伴随着就业总需求和就业结构的变化，不同技能劳动力的工资水平也会发生相应的改变。例如，Hemous 和 Olsen（2014）通过构建含有自动化技术和创新的内生经济增长模型，认为自动化技术的普及应用通过抑制低技能劳动力就业和工资增长，提高了劳动力技能溢价，从而加剧了收入不平等。Acemoglu 和 Restrepo（2020b）假定生产任务由机器和高低技能劳动力执行，新技术会影响生产任务中的要素分配、已有生产任务中不同要素的生产率和产生新的生产任务，在此理论分析框架下研究发现由于自动化技术带来的生产率提升效应较小以及高技能劳动力在自动化创造出的新工作岗位中更具有比较优势，自动化生产技术提高了劳动力技能溢价，进而加剧了收入不平等。Acemoglu 和 Restrepo（2018b）进一步研究发现，随着自动化技术创造出的新就业岗位的普及，机器人应用导致的收入不平等逐渐缓解。Acemoglu 和 Restrepo（2018d）根据机器取代劳动力的技能水平将其分为高技能和低技能自动化技术两种形式，探讨上述两种形式的生产技术对劳动收入不平等的影响。研究发现，低技能自动化技术进步会导致收入不平等加剧，高技能自动化技术进步可以有效缓解劳动收入不平等。此外，Lankisch 等（2017）、王林辉等（2020）、余玲铮等（2021）等研究从理论层面同样证明了自动化技术通过影响技能溢价，进而加剧工资不平等。

在产业就业结构方面，自动化技术会改变劳动力的产业分布结构。例如，Dauth 等（2018）研究发现工业机器人应用并未导致 1994—2014 年德国劳动力市场就业总体水平发生明显改变，但导致劳动力由制造业向服务业转移，存在跨部门的劳动力重置效应。赵春明等（2020）基于中国数据，同样发现了这一影响效应。王文等（2020）重点考察了工业机器人使用对中国服务业结构变动的影响效应，研究发现工业机器人提高了生产性服务业就业比重和高端服务业就业比重，从而促进服务业结构升级。孔高文等（2020）研究发现机器人应用存在就业溢出效应，会导致劳动力在不同行业和地区间转移，促使被机器替代的劳动力转移至当地下游行业、当地其他劳动力替代性高的行业以及外地同一行业。

四、工业智能化对国际贸易的影响研究

现有关于工业智能化影响的理论和实证研究，主要集中于讨论其在生产率和劳动力市场方面的影响，仅有少部分研究考察了其对国际贸易的影响。其中，Artuc 等（2020）假定中间品和最终品的生产和贸易需要两个阶段，通过构建基于任务型的多国－多部门李嘉图模型探讨了工业机器人应用对南北贸易、工资和福利的影响。理论分析结果表明，工业机器人租金下降最初会促进劳动力成本相对较高的北方国家采用工业机器人，机器人在替代一部分劳动力后南北国家间的相对生产成本发生改变，进而影响了贸易方式。北部国家在生产成本降低后将扩大生产，从而增加了对南部国家的出口，而生产成本下降对北部国家从南部国家进口的影响不确定，一方面自动化生产技术的应用使得北部国家的企业更具竞争力，这意味着原先需要从南部国家进口的产品可以在北部国家内

部生产，另一方面自动化生产导致企业生产规模扩大，进而会增加进口中间品需求。他们进一步采用1995—2015年国家-行业层面的双边贸易流量和机器人使用强度数据进行实证检验，研究发现发达国家工业机器人应用促使其出口到欠发达国家的规模和从欠发达国家进口的贸易规模显著提高。Ndubuisi和Avenyo（2018）同样基于双边贸易数据采用引力模型，考察了机器人应用对出口的影响，研究发现工业机器人应用显著提高了双边贸易出口，且这一效应主要体现在出口产品种类增加、出口产品价格上升、出口目的国数量增加三方面。Marí等（2020）利用1994—2014年西班牙制造业企业数据，基于"PSM+DID"方法从微观层面分析工业机器人应用对企业出口行为的影响，研究发现使用工业机器人后，企业的出口概率和出口强度均显著上升，这一促进作用主要体现在专门从事中间品生产的企业上。机制检验表明，企业生产率提升和进口增加是机器人应用影响西班牙制造业企业出口二元边际的重要途径。Stapleton和Webb（2020）同样采用西班牙制造业企业数据，研究发现企业使用机器人数量增加提高了其从欠发达国家进口中间品的概率和规模。

在产品质量方面，Destefano等（2019）使用国家-行业层面数据评估了工业机器人对高收入国家和新兴经济体进出口产品质量的影响，研究发现工业机器人应用提高了各国的出口产品质量，但对进口产品质量没有显著影响。机器人应用对出口产品质量的积极影响则是由发展中国家出口升级所驱动的，其中国家内部原先质量较差的产品的质量提升效应最为明显（Destefano和Timmis，2021）。蔡震坤和綦建红（2021）借助2000—2014年中国制造业企业出口数据，研究发现使用机器人后，企业出口产品质量显著提高，这一促进效应主要是通过提高企业生产率和降低边际成本实现的。同时，他们的研究还发现机器人应用具有贸易拓展效应、资源再配置效应和先发优势效应。具体而言，机器人应用显著提高了企业出口目的国多样性，但新建立的贸易关系的出口产品质量相对较低；机器人应用导致资源由质量提升幅度较小的中高质量产品转移至提升幅度较大的低质量产品；率先使用工业机器人的企业的产品质量提升幅度大于平均影响效应。在全球价值链方面，刘斌和潘彤（2020）采用2000—2014年出口国－出口目的地－行业层面的全球价值链数据，以机器人使用强度表征人工智能水平，研究发现人工智能促进了行业全球价值链参与度和分工地位的提升。吕越等（2020）从企业层面考察了机器人应用对中国企业全球价值链嵌入的影响，研究发现机器人应用显著促进了企业参与全球价值链分工，这一促进作用主要体现在加工贸易企业上。然而，何宇等（2021）通过构建包含人工智能技术的多国－多阶段全球价值链竞争模型，并采用16个国家的相关数据进行参数校准，研究发现发展中国家在受到人工智能技术冲击后难以实现其向全球价值链上游阶段的攀升，甚至可能使原本具有比较优势的全球价值链下游阶段也遭受发达国家产业回流的不利影响。

五、文献评述

现有诸多文献对本书研究工业智能化对中国出口贸易高质量发展的影响路径提供了有益借鉴，但在理论和经验分析方面仍然有待进一步丰富。一是，大量研究考察了以互联网为代表的信息通信技术对出口贸易的影响，但工业智能化与已有的信息通信技术变革不同（Brynjolfsson和Mitchell，2017），后者更强调在信息基础建设和信息技术理论方面取得的突破，而前者更注重自动化和智能化技术在生产过程中的普及应用，对制造业的影响更为直接和快速。因此，本书从工业机器人的角度探究智能化生产技术的广泛应用对中国出口贸易高质量发展的影响路径显得尤为重要。二是，工业智能化的相关研究主要考察了其对劳动力市场的影响，仅有少数文献探究了机器人对国际贸易的影响，而其中从微观层面考察机器人对出口贸易影响的文献更是少之又少。虽然Marí等（2020）以及Stapleton和Webb（2020）研究了工业智能化对西班牙制造业企业出口的影响，但在中国出口贸易发展中机器人应用所扮演的角色仍有待进一步考证。当前有关工业智能化对中国出口规模的影响研究还十分匮乏，这与中国世界第一大工业机器人应用市场的国际地位极不对称。同时在现阶段大力推动外贸高质量发展和创新发展的背景下，研究工业智能化对出口产品质量和企业创新的影响效应至关重要。因此，本书进一步从微观层面考察工业智能化对企业出口产品质量和出口企业创新的影响，为理解当前积极推进战略性新兴产业发展与促进出口贸易高质量发展提供了新的经验证据。三是，现有文献并没有系统地考察工业智能化影响出口贸易高质量发展的内在机制。虽然蔡震坤和綦建红（2021）基于中国制造业企业数据研究了机器人应用对企业出口产品质量的影响，但主要集中在机器人的水平行业内效应，忽略了机器人与本地产业的垂直关联效应，没有考虑行业内和行业间机器人应用对产品质量的影响是否会有所不同，进而可能导致影响效应被低估。以中国工业机器人应用最为普遍的地区之一珠江三角洲为例，机器所导致的劳动替代率最高的行业是金属制品业、塑料制品业和工艺品及其他制造业，约为20%，而像纺织服装、鞋、帽制造业这类劳动密集型行业，尽管自动化设备的使用密度并不低，但由于其只能完成某种固定的工序，无法完成需要精细缝合柔软布料的车缝环节，使得劳动替代效率较低，仅为4%左右[①]。对于这类劳动密集型行业，工业智能化对企业产品质量的提升作用有限，甚至可能因固定成本增加而产生负向抑制作用，此时上下游产业的配套能力对企业出口竞争力的提升显得尤为重要，加大上游行业机器人应用对中国企业出口产品质量提升具有不可忽视的作用。

因此，本书不仅从不同角度系统地考察了工业智能化对中国出口规模、出口产品质量、出口产品种类和出口企业创新的影响，还分析了其中的内在机理，从而为寻求智能化生产技术如何更好地促进中国"稳出

---

① 数据来源：李郇. 机器代人总报告：珠三角城市化如何应对"机器代人"[A] //2019年再造新优势——珠江三角洲城市化如何响应"机器代人"[C]. 中山大学中国区域协调发展与乡村建设研究院，2020。

口"和外贸高质量发展提供了可能的路径支持。在对上述文献进行梳理和总结后，本书认为工业智能化对中国出口贸易高质量发展影响路径的研究还具有一定的研究空间，而上述文献为本书提供了理论和经验支撑。随着国际产业的再次转移、发达国家制造业回流、国际市场环境日益复杂，尤其是近年来中国人口红利消失、劳动力成本不断上升，我国大力发展包括机器人产业在内的战略性新兴产业，实施人工智能战略，推进外贸高质量发展以及建设制造业强国，在此背景下研究工业智能化对我国出口贸易高质量发展的影响更具现实意义。

第三节　研究内容与框架

基于中国大力发展战略性新兴产业、加快外贸转型升级和实施制造强国战略的政策背景下，本书在梳理和总结技术进步的外贸转型升级效应、工业智能化应用与发展、工业智能化与国际贸易等已有研究的基础上，从出口规模、出口产品多元化、出口产品质量和出口企业创新多方面考察了工业智能化对中国出口贸易高质量发展的影响路径。本书由七个章节组成，具体内容如下。

第一章为导论。本章内容主要包括研究背景和意义，文献综述、研究内容和框架以及主要的创新点和不足等内容。

第二章为中国工业智能化应用与出口贸易高质量发展的特征事实。主要包括：一是对比分析我国以及世界主要国家的工业机器人使用情况；二是分析我国工业机器人使用规模的行业差异性；三是分析新中国成立以来中国出口贸易在不同时期的变化特点以及不同出口方式和出口产品结构的发展特征，并总结分析企业层面出口产品质量的变动情况；四是分析在我国出口贸易中工业智能化的应用情况。

第三章为工业智能化、要素流动与中国城市出口规模的实证分析。人工智能会引致要素空间转移，重塑劳动力和资本的地理格局，而该变化常常体现的是其背后区域发展战略的实施和调整。本章使用2006—2016年国际机器人联盟数据和中国海关数据从城市 – 产品层面考察了工业智能化对中国出口行为的影响，并从生产要素流动视角对二者之间的作用机制进行检验。此外，在拓展分析部分，本书进一步分析了工业智能化应用的空间溢出效应，以回答工业智能化是否会加剧区域间贸易不平衡这一重要问题。

第四章为工业智能化与中国企业出口产品多元化的实证分析。本章的理论分析表明工业智能化可以通过提高企业生产率、降低生产成本来促进出口产品多元化的提升，同时市场份额增大和中间品进口扩张也是工业智能化影响企业出口产品多元化的重要传递路径。然后，在考虑机器人和普通资本品区别的基础上，本章根据2000—2013年中国工业企业数据和中国海关数据以按照年份逐层倾向得分匹配法（PSM）构建控制组并运用双重差分法（DID）考察工业智能化与中国企业出口产品多元化的因果关系，并分析这一影响效应的动态变化。最后，从生产率、生产成本、市场份额以及中间品进口等维度出发进行机制检验，并考察企业使用工业机器人对行业内其他未使用机器人的企业出口产品多元化的影响，以识别工业智能化引致的水平溢出效应。

第五章为工业智能化、上下游产业关联与中国企业出口产品质量的实证分析。本章首先在 Baldwin 和 Harrigan（2011）垄断竞争模型基础上构建了一个包含中间投入品质量在内的理论框架，基于上下游产业关联视角从理论上阐述了不同渠道机器人应用如何影响企业出口产品质量。其次，本章利用国际机器人联盟数据、WORLD KLEMS 数据和中国投入产出数据分别构建了行业内和行业间前向关联渠道和后向关联渠道的工业机器人使用密度指标，实证分析了行业内和行业间各渠道工业智能化对企业出口产品质量的影响，并在此基础上重点考察其对不同要素密集度行业的差异性影响。最后，从出口产品结构调整的角度探究工业智能化在企业内产品间的资源再配置效应。

第六章为工业智能化与出口企业创新的实证分析。本章采用企业工业机器人进口数据度量企业机器人使用情况，基于2000—2009年制造业企业数据实证检验了企业使用工业机器人对出口企业创新行为的影响。然后，基于企业所有制类型、贸易方式、要素密集度以及区域知识产权保护力度进行异质性分析。其次，从中间品进口、企业内资源重置、利润增加以及人力资本提升等维度出发进行机制检验，同时探究工业智能化是否存在水平溢出效应。最后，考虑到专利申请更能反映企业的自主创新能力，基于2000—2013年中国专利数据库和工业企业数据库做进一步分析，并根据企业申请专利类型将企业创新模式分为实质性创新和策略性创新，考察工业智能化对企业专利申请的影响以及推动中国采取何种创新战略。

第七章为结论及政策建议。本章总结和概述了全书的主要研究结论，并基于研究结论针对中国如何推动工业智能化发展、出口贸易如何实现高质量发展提出相应的政策建议。

第四节　主要创新点及不足

一、研究创新

在中国积极推进"机器人革命"、促进人工智能和实体经济深度融合以实现中国从制造大国向制造强国转变、加快外贸转型升级以及急需构建中国对外贸易国际竞争新优势的背景下，本书从地区层面以及企业层面全面深入探讨工业智能化对中国出口规模、出口产品种类、出口产品质量以及出口企业创新的影响效应及其作用机制。本书相比于以往研究在如下方面存在创新。

（1）研究视角的创新。现阶段以工业机器人为研究主体的文献大多探究机器人冲击对劳动力市场的影响，对国际贸易的影响研究相对较少，且缺少从企业微观层面以中国为研究对象的考察。而已有关于技术进步与出口贸易的文献重点关注了互联网、电话等信息通信技术发展带来的贸易效应，忽略了工业机器人这一战略性新兴产业迅猛发展对中国出口贸易尤其是贸易高质量发展的影响。本书以工业智能化应用为研究视角，从出口规模、出口产品种类、出口产品质量以及出口企业创新四方面出发，结合相关数据系统考察了工业智能化对中国出口贸易高质量发展的影响，填补了现有关于机器人应用的研究空白。

（2）理论机制的创新。与现有文献考察机器人对劳动力市场的影响不同，本书构建工业智能化影响出口规模的理论分析框架，并探究生产要素流动在其中所起的作用。考虑到中国迫切需要培育国际竞争新优势，本书借鉴 Fan 等（2015）构建的进口中间品质量影响企业出口价格模型，在理论层面分析工业智能化应用对企业出口产品质量的影响，并将产业关联纳入分析框架，进一步讨论同行业、上下游行业工业智能化应用如何影响出口产品质量。

（3）研究内容的拓展。本书利用中国海关数据、中国工业企业数据等微观数据，不仅从城市层面考察了工业智能化对出口规模的影响，也在空间视角下考察了工业智能化的外部性。本书的研究发现，城市工业智能化应用显著促进了当地出口增长，工业智能化应用存在虹吸效应，抑制了周边城市的出口扩张，但在考虑了该负面影响后工业智能化应用仍然显著推动了中国总体出口增长。该研究为全面评估工业智能化广泛应用的贸易影响效应提供了新的视角。此外，本书分别以企业出口产品质量和出口企业创新行为为落脚点，深入探讨工业智能化是否会推动出口质量升级和创新发展，对我国建设制造强国和贸易强国具有重要意义，也为生产技术进步助推中国出口贸易高质量发展提供了新的经验证据。

二、研究不足

尽管本书已经尽可能地多层次、多角度探究工业智能化对中国出口贸易高质量发展的影响路径，但受到数据、模型等方面的限制仍存在一些不足。

（1）数据限制。国际机器人联盟数据虽然包含了国家—行业层面的机器人保有量和年新增安装量数据，但无法反映企业机器人使用情况；中国企业－劳动力匹配调查虽然提供了企业机器人使用信息，但该数据并不对外公开。因此，本书在第四章只能借助企业机器人进口数据进行实证检验。此外，在第五章探讨行业间机器人应用对企业出口产品质量的影响时，应采用中间投入品质量指标进行机制检验。但工业企业数据中仅在2000—2007年提供了企业中间投入品金额，无法测度企业中间品质量，现有研究主要测算了进口中间品质量，该指标在本书并不适用，因此未进一步识别不同渠道工业智能化应用影响出口产品质量的作用机制。

（2）本书仅从机器人应用提高生产率以及降低成本的角度进行了相关理论论证，未来可以通过构建理论模型的方式来进一步完善，为识别工业智能化对出口贸易高质量发展的影响效应提供更直观的理论基础。同时，未来希望可以将出口规模、出口产品种类、出口产品质量和出口企业创新纳入统一的理论分析框架，使文章更有条理。

第二章　中国工业智能化应用与出口贸易高质量发展的特征事实

2015 年，习近平在致世界机器人大会贺信上指出，中国要将机器人和智能制造纳入国家科技创新的优先重点领域。同年发布的《中国制造 2025》国家行动纲领首次将"机器人产业"列入国家重点战略，这标志着中国人工智能产业开始进入高速发展阶段。另一方面，随着中国经济进入高质量发展新阶段，改变出口贸易"大而不强"的现状、破解出口产品"低端锁定"的困境、转变外贸增长方式已成为中国推进出口贸易高质量发展的核心内容。在此背景下，清晰认识中国工业智能化应用与出口贸易高质量发展的发展特征与分布规律，能够为我国推进人工智能战略和实施外贸转型升级政策措施提供事实依据。

第一节　中国工业智能化的总体发展现状

一、中国工业智能化水平快速增长

在新一轮科技革命下，人工智能技术的蓬勃兴起为世界经济变革注入了一股新动力。近年来，移动互联网、大数据、超级计算、传感网等相关领域技术的更新推动了人工智能技术的应用与发展（曹静和周亚林，2018），而作为人工智能技术最重要的载体之一的工业机器人在企业中的应用愈发普遍。我国国家标准《机器人与机器人装备词汇》（GB/T 12643–2013）将工业机器人定义为"在工业自动化生产中使用的一种能自动控制、可重复编程、多功能、多自由度的操作机"。

图2-1报告了2000—2019年全球工业机器人年新增安装量和年保有量的变化情况。可以看出，近年来全球工业机器人市场规模增长迅猛。全球工业机器人年新增安装量除了受金融危机影响在2009年有所降低以外，其余年份多表现为增长态势，尤其是在2010年德国提出"工业4.0"概念后，年新增安装量同比激增；而世界范围内工业机器人年保有量持续呈现出稳步上升的趋势。2000—2019年，全球工业机器人年新增安装量增长了近2.86倍，由9.86万台增加至38.10万台，年平均增长率为7.37%；全球工业机器人年保有量增长了近2.64倍，由75.07万台增加至272.98万台，年平均增长率为7.03%。

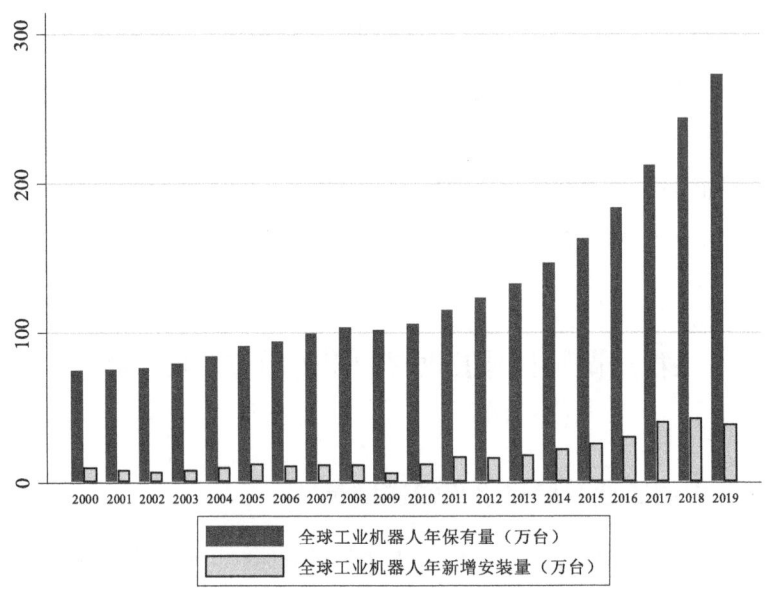

图2-1　2000—2019年全球工业机器人使用规模

数据来源：国际机器人联盟数据库。

作为工业智能化的主要终端设备，工业机器人在我国制造业转型升级中发挥着至关重要的作用，因此政府多次出台政策措施推动机器人产业飞速发展。2006 年，中国政府首次将智能机器人列为先进制造技术；2013 年，工业和信息化部出台《关于推进工业机器人产业发展的指导意见》；2015 年，国务院公布的《中国制造 2025》中明确提出，将机器人作为重点发展领域、将智能制造列为实现制造强国目标的五大工程之一；2017 年，党的十九大报告进一步明确"加快建设制造强国，加快发展先进制造业，推动互联网、大数据、人工智能与实体经济深度融合"；随后，国务院发布《新一代人工智能发展规划》，将人工智能提升至国家战略高度；2020 年，全国两会再次提出重点扶持工业机器人核心零部件产业；2021 年 3 月，"十四五"规划明确提出，将人工智能列为前沿科技领域的"最高优先级"，重点推动包括机器人在内的战略性新兴产业发展。与此同时，为抢占新一轮科技革命和产业变革的制高点，世界各发达国家也在围绕人工智能领域进行战略部署。例如，2011 年美国提出了"先进制造业伙伴（Advanced Manufacturing Partnership，AMP）计划"，利用智能化生产技术重振传统制造业；2012 年德国启动了"工业 4.0 计划"，明确提出通过工业机器人推动生产制造转型；而早在 2002 年日本就开始实施"21 世纪机器人挑战计划"，对机器人产业大力扶持，2005 年推行的"新兴产业促进战略"更是将机器人列为七大新兴产业。图 2-2 报告了 2000—2019 年世界前四大的工业机器人消费市场：中国、韩国、日本和美国的工业机器人年保有量的变化情况。如图所示，中国工业机器人保有量在 2006 年之前微乎其微，2006 年才开始出现明显增长，而从工业机器人年保有量的增长幅度来看，美国、德国和日本的工业机器人总保有量增长平稳，我国工业机器人保有量从 2013 年开始大幅度上升，2016 年起机器人总量持续位居世界第一，截至 2019 年我国工业机器人总保有量占全球总量的 28.7%。

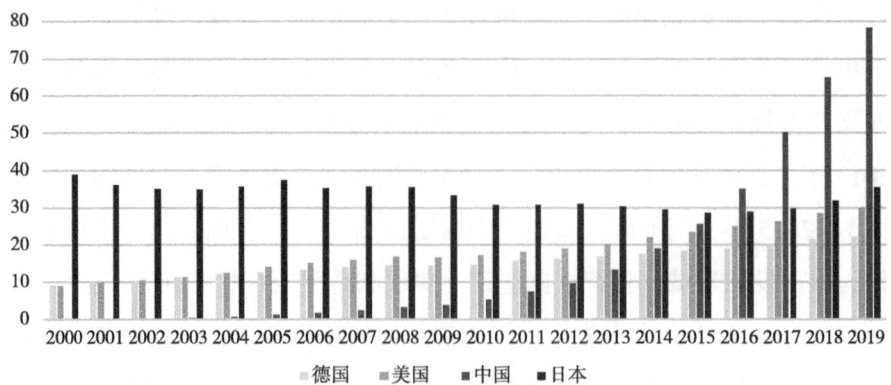

图 2-2 2000—2019 年中美德日四国工业机器人年保有量（万台）

数据来源：国际机器人联盟数据库。

虽然我国是全球工业机器人销量第一大国，但机器人使用密度却相对较低。图 2-3 绘制了 2019 年世界主要国家或地区的工业机器人使用密度（台 / 万人）。可以看出，新加坡是工业机器人使用密度最高的国家，每万人工业机器人保有量已经达到 918 台，其次为韩国（855 台 / 万人）、日本（364 台 / 万人）和德国（346 台 / 万人）。由于我国劳动力规模庞大，2019 年我国工业机器人使用密度仅为 187 台 / 万人，远低于新加坡、韩国、日本等发达国家，表明未来我国机器人市场仍然存在巨大的增量空间。

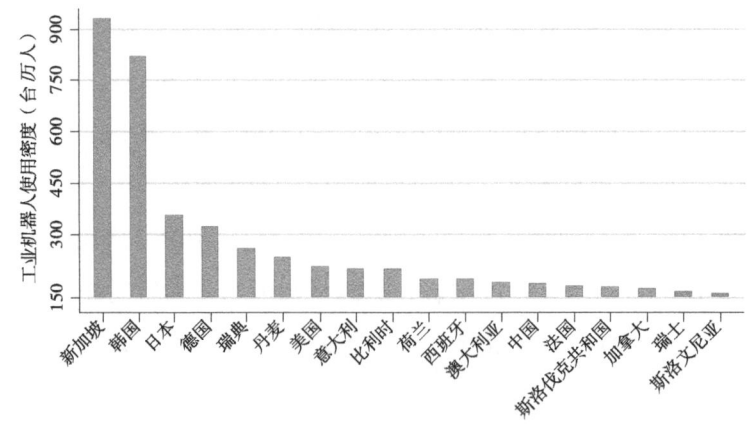

图 2-3 2019 年世界主要国家或地区的机器人使用密度

数据来源：国际机器人联盟数据库。

二、工业智能化主要体现在汽车制造业和电气电子制造业

本书从国际机器人联盟（以下简称 IFR）数据库获取了 2000—2019年行业层面的中国工业机器人安装量和保有量数据，由于本书主要考察工业智能化对中国出口贸易高质量发展的影响，因此仅保留制造业行业的工业机器人数据。通过吕越等（2020）的行业编码转换表，我们将 IFR 行业与国民经济行业分类 2002 年版本两位数水平进行匹配，最终得到 15 个制造业细分行业的机器人数据。表 2-1 的 Panel A 和 Panel B 分别报告了 2006—2019 年中国各制造业行业工业机器人安装量和保有量的变动情况。可以看出，无论是工业机器人安装量还是保有量，各个行业的工业机器人数量均存在很大的差异性。

表 2-1　2006—2019 年中国各制造业行业工业机器人使用规模

Panel A：工业机器人安装量（台）				
行业代码	行业名称	2006 年	2010 年	2019 年	2006—2019 年
10-12	食品和饮料制造业	24	158	2,821	2,797
13-15	纺织业	0	6	124	124
16	木材和家具制造业	0	1	471	471
17-18	造纸业	0	21	216	216
19	药品和化妆品制造业	3	17	438	435
20-21	其他化学制品业	0	69	1,086	1,086
22	橡胶和塑料制品业	2,575	1,366	3,576	1,001
23	玻璃等矿物制品业	0	93	1,029	1,029
24	基本金属制造业	0	129	368	368
25	金属制品业	236	212	6,608	6,372
26-27	电气电子制造业	442	2,027	41,651	41,209
28	工业机械制造业	0	68	8,638	8,638
29	汽车制造业	399	7,431	32,151	31,752
30	其他交通业	11	108	785	774
31	其他制造业	0	133	6,038	6,038
Panel B：工业机器人保有量（台）				
行业代码	行业名称	2006 年	2010 年	2019 年	2006—2019 年
10-12	食品和饮料制造业	24	405	13,981	13,957
13-15	纺织业	0	8	1,017	1,017

（续表）

Panel B：工业机器人保有量（台）				
行业代码	行业名称	2006 年	2010 年	2019 年	2006—2019 年
16	木材和家具制造业	0	1	1,666	1,666
17-18	造纸业	0	21	880	880
19	药品和化妆品制造业	3	136	4,158	4,155
20-21	其他化学制品业	0	69	3,337	3,337
22	橡胶和塑料制品业	2,575	8,750	33,851	31,276
23	玻璃等矿物制品业	0	133	5,597	5,597
24	基本金属制造业	0	166	4,346	4,346
25	金属制品业	236	1,530	29,363	29,127
26-27	电气电子制造业	442	3,959	215,608	215,166
28	工业机械制造业	0	207	32,967	32,967
29	汽车制造业	399	9,614	230,520	230,121
30	其他交通业	11	223	3,716	3,705
31	其他制造业	0	187	21,241	21,241

数据来源：国际机器人联盟数据库。

就工业机器人安装量而言，2006 年仅有少部分行业开始智能化生产。其中，橡胶和塑料制品业（2,575 台）为机器人安装量最高的行业，其次分别为电气电子制造业（442 台）、汽车制造业（399 台）以及金属制品业（236 台）。2009 年，商务部等六部门发布《关于促进我国汽车产品出口持续健康发展的意见》，明确提出要大力推动汽车出口，提升我国汽车产业的国际竞争力，而这一政策通过人工替代和研发激励倒逼企业大规模使用工业机器人（陈昊等，2021）。从 2010 年工业机器人安装量来看，工业机器人安装量在不同行业间的差异性明显扩大，其中汽车制造业的工业机器人安装量激增，仅 2010 年就增加了 7,032 台，其次的 3 个行业分别为电气电子制造业（2,027 台）、橡胶和塑料制品业（1,366 台）、金属制品业（212 台），这 4 个行业的工业机器人安装量均高于 200 台，而安装量最低的 4 个行业分别为木材和家具制造业（1 台）、纺织业（6 台）、药品和化妆品制造业（17 台）、造纸业（21 台），这 4 个行业的工业机器人安装量相较于 2006 年尽管有所上升，但安装量仍较小。此外，2010 年安装量最大的汽车制造业相较于最小的木材和家具制造业，二者之间的差额高达

7,430 台，是 2010 年木材和家具制造业机器人安装量的 7,431 倍。2019 年数据显示，机器人安装量的行业间差异再次扩大。电气电子制造业超过汽车制造业，成为工业机器人安装量最大的行业，紧随其后的是工业机械制造业以及金属制品业，这 4 个行业的年机器人安装量均超过 6,000 台，电气电子制造业更是高达 41,651 台。而安装量最小的 4 个行业则变为纺织业（124 台）、造纸业（216 台）、基本金属制造业（368 台）、药品和化妆品制造业（438 台）。从 2006—2019 年的工业机器人安装量变动来看，机器人安装量的增长幅度在不同行业间的差异性也很大。其中，增长幅度最大的行业是电气电子制造业，14 年间年机器人安装量上升了 41,209 台，增长幅度最小的行业是纺织业，仅增加了 124 台，二者之间的差额高达 41,085 台。此外，有 4 个行业的年机器人安装量的增长幅度超过了 5,000 台，分别是汽车制造业（31,752 台）、工业机械制造业（8,638 台）、金属制品业（6,372 台）、其他制造业（6,038 台）。

就工业机器人保有量而言，由于中国从 2006 年才开始使用工业机器人，因此 2006 年工业机器人保有量的行业分布情况与 2006 年工业机器人安装量相同。从 2010 年来看，不同行业间的智能化程度差异明显，其中汽车制造业与橡胶和塑料制品业的生产智能化水平最高，工业机器人保有量分别为 9,614 台和 8,750 台，电气电子制造业、金属制品业的工业机器人保有量仅次于上述两个行业，分别为 3,959 台和 1,530 台，而保有量最低的 4 个行业分别为木材和家具制造业（1 台）、纺织业（8 台）、造纸业（21 台）、其他化学制品业（69 台），这 4 个行业的工业机器人保有量尽管相较于 2006 年有所增加，但仍低于 100 台，智能化水平较差。从 2019 年的工业机器人保有量来看，各行业间的智能化水平差异进一步扩大，其中汽车制造业以及电气电子制造业的机器人保有量均大于 10 万台，橡胶和塑料制品业以及工业机械制造业也超过了 3 万台，而保有量最低的 4 个行业——造纸业、纺织业、木材和家具制造业、其他化学制品业的工业机器人存量均小于 4000 台。汽车制造业与造纸业相比，工业机器人保有量的差异高达 229,640 台。从 2006—2019 年工业机器人保有量变动来看，工业机器人保有量变动在不同行业间差异巨大，其中增长幅度最大的行业是汽车制造业（230,121 台），约为增长幅度最小的造纸业（880 台）的 262 倍。2006—2019 年，制造业智能化水平的提高主要来自汽车制造业（230,121 台）、电气电子制造业（215,166 台）、工业机械制造业（32,967 台）、橡胶和塑料制品业（31,276 台），而像造纸业（880 台）、纺织业（1,017 台）、木材和家具制造业（1,666 台）、其他化学制品业（3,337 台）的工业机器人保有量增长不明显。

图 2-4 进一步显示了 2006 年以来中国工业机器人安装量和保有量行业结构的变迁情况。在 2006—2019 年，伴随着中国工业机器人规模的扩大，中国工业机器人行业分布也发生了较大的变化。具体来看：（1）电气电子制造业逐渐成为主要应用工业机器人的行业，安装量在制造业行业占比从 2006 年的 11.98% 上升至 2019 年的 31.29%，保有量占比从 11.98% 上升至 35.80%。（2）橡胶和塑料制品业在工业机器人安装量和保有量中所占的份额持续下降，安装量占比从 2006 年的 70.00% 下降至 2019 年的 3.40%，保有量占比从 70.00% 下降至 5.62%。（3）汽车制造业在工业机器人安装量和保有量中所占的份额在 2006—2012 年表现为增长态势，2012 年安装量占比以及保有量占比高达 63.39% 和 52.89%，随后汽车制造业占比有所下降，截至 2019 年汽车制造业的安装量占比为 30.33%，保有量占比为 38.27%。（4）除上述 3 个行业以及金属制品业外，其余行业的安装量和保有量占比均呈现出小幅度增长趋势。上述结果表明，2006 年以来，中国制造业行业的生产结构发生了明显改变，生产模式从"人工生产"向"智能化生产"转变，其中电气电子制造业和汽车制造业成为实现制造业智能化转型升级的主要行业，而纺织业、工业机器制造业的智能化水平并未发生明显变化，意味着在生产要素红利逐渐消失的背景下，人口红利的释放殆尽冲击着以往中国具有比较优势的行业的基石，可能不利于传统行业国际竞争力提升。

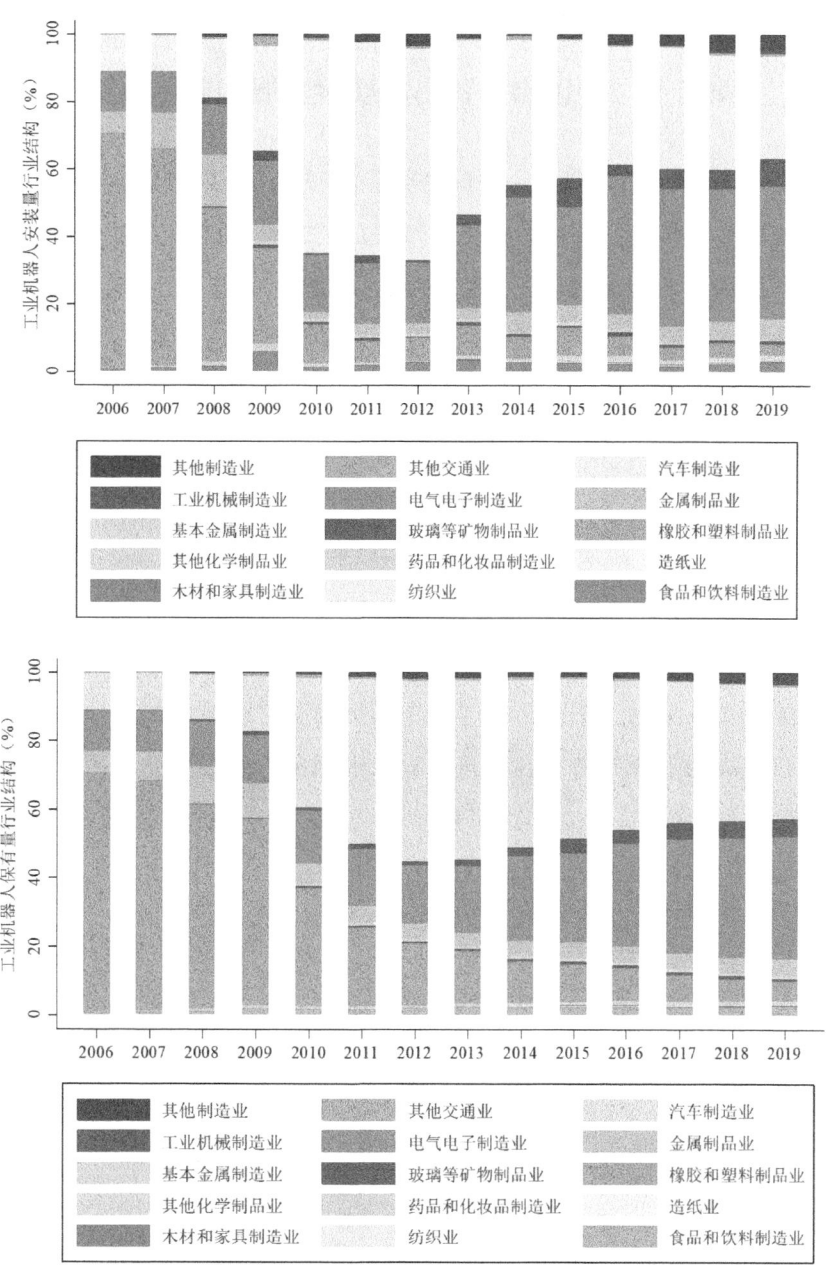

图 2-4　2006—2019 年中国工业机器人安装量和保有量行业分布情况

数据来源：国际机器人联盟数据库。

第二节　中国出口贸易高质量发展的总体现状

新中国成立 70 多年来，中国经历了由封闭、半封闭到全方位开放的经济发展战略转变。作为拉动经济增长的三驾马车之一，中国出口贸易规模、结构和质量也发生了积极向好的根本性变化。根据 WTO 发布的《2020 年全球主要国家贸易动向》，2020 年中国出口额高达 25,911 亿美元，占全球出口总额的 15.8%，较 2019 年增加了 3.7%，连续 12 年位居世界第一大货物出口国地位。本章将简单回顾中国出口贸易在不同时期的变化特点，以及不同出口方式和出口产品结构的发展特征，并总结分析企业层面出口产品质量的变动情况，以期为后文提供实施事实依据。

一、出口规模持续扩张

如图 2-5 所示，不同历史时期中国对外贸易政策的特点导致不同阶段出口规模的变化趋势存在明显差异，中国出口贸易主要经历了三个发展阶段，即 1950—2001 年的平稳发展期、2002—2008 年的快速增长期以及 2009 年至今的结构调整期。

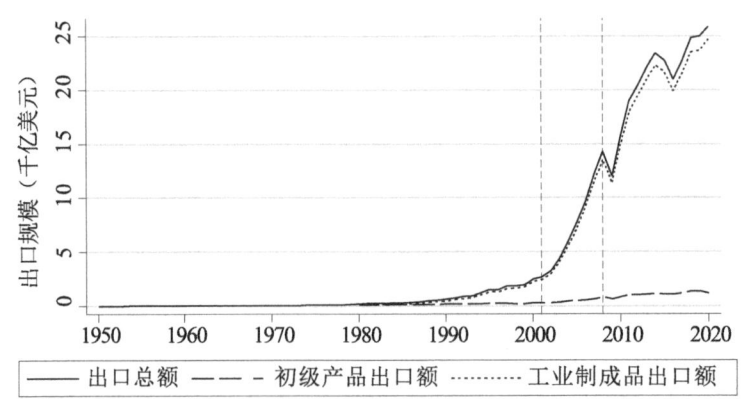

图 2-5　1950—2020 年中国出口规模变化情况

数据来源：国家统计局。

第一阶段（1950—2001 年的平稳发展期）。新中国成立初期，在出口方面实行对外贸易管制和采取保护贸易政策，出口的目的主要是获取当时进口外国先进设备急需的外汇。因为受到政策的限制，改革开放前中国出口贸易的增长缓慢且波动性较强，1950 年至 1978 年间出口贸易规模从 20.2 亿元仅增长至 167.65 亿元，年平均增长率为 7.57%，同时绝大多数年份的出口规模在 50 亿元以下。党的十一届三中全会提出实行改革开放，在 1979 年至加入 WTO 前的这段时期，中国加快和深化了对外贸易体制改革，管理方式由原来的政府统一经营和领导逐步放权转变为间接宏观调控，实现从高度集中、统负盈亏的指令性计划外贸体制向计划经济与市场调节相结合的外贸新体制转型。在此期间，企业成为对外贸易的主体，企业对利润的追求成为出口贸易增长的动力。因此，改革开放后中国出口贸易额由 1979 年的 211.7 亿元上升至 1991 年的 3,827.1亿元，出口规模出现了较大增长，年增长率为 27.28%，但在此期间几乎所有年份均表现为贸易逆差。1992 年邓小平南方谈话后，出口贸易呈现出大幅度增长，出口规模由 1992 年的 4,676.29 亿元增加至 2001 年的 22,024.44 亿元，在 10 年内上升了近 4 倍，且持续保持国际贸易顺差。从出口产品结构来看，工业制成品和初级产品的出口规模均呈现出逐年增长态势，但二者之间的规模差距逐渐扩大，出口贸易主要以工业制成品为主。

第二阶段（2002—2008 年的快速增长期）。2001 年底中国加入WTO，一系列贸易政策随之实施，例如中国出口企业所面临的平均出口关税由加入 WTO 前的 18.3% 下降至 9.8%；中国出口企业不再面临被美国政府征收惩罚性的非最惠国待遇关税的威胁，中国在 2000 年面临的美国平均关税税率从惩罚性关税的 31% 下降至最惠国待遇关税的 4%。积极的贸易政策实施以及稳定的国际贸易发展环境使得中国出口规模急剧扩张，出口规模从 2002 年的 26,947.87 亿元增加至 2008 年的 100,394.94亿元，年增长率达到 24.51%。与此同时，中国的贸易顺差迅猛增长，由

2002 年的 2,517.60 亿元上升至 2008 年的 20,868.41 亿元。在此期间，我国工业企业生产能力迅猛增长，工业制成品完全成为中国出口贸易的主体，2002 年占出口总额的比重为 91.23%，更是在 2008 年进一步上升至 94.55%。初级产品出口规模保持稳定。这一阶段中国的出口贸易目标从获取外汇为主转变为促进经济增长和加快产业发展为主，并将实现贸易强国作为战略目标。

第三阶段（2009 年至今的结构调整期）。这一阶段中国出口贸易进入结构调整期，出口规模出现多次下降，但整体为上升趋势。受 2008 年金融危机的影响，2009 年出口总额由 100,394.94 亿元下降为 82,029.69 亿元，但我国出口贸易规模仍保持在高位，并超过德国成为世界第一出口大国。2010 年出口贸易迅速回升，出口增速一跃上升至 30.37%，2013 年中国超越美国成为全球贸易第一大国，且连续多年位居这一位置。而 2015 年和 2016 年由于全球需求疲软造成出口贸易再次出现负增长，2016 年我国出口增速下降到 –1.95%，但仍高于全球主要国家。2017 年以后，受中国主要出口目的国（地区）经济复苏以及中国采取的一系列"稳外贸"政策的影响，我国外贸出口快速回稳且持续向好，出口规模从 2017 年的 153,309.43 亿元上升至 2020 年的 179,278.83 亿元。就出口产品结构而言，工业制成品出口额与出口总额的变化趋势几乎完全相同，初级产品的出口额并未发生明显变化。值得注意的是，2009 年以来中国采取系列措施对贸易顺差规模进行了调控，防止其过大过快增长，从调控结果来看，2009 年贸易顺差为 13,411.32 亿元直至 2013 年贸易顺差小幅度上升，仅为 16,093.98 亿元，随后贸易顺差呈波动趋势，2020 年贸易顺差规模为 36,342.43 亿元。中国控制贸易顺差主要是出于以下三点原因：一是中国贸易顺差过大过快的增长导致中国资源禀赋逐渐丧失、产业转型升级面临巨大困难，可能对中国经济发展带来负向影响。二是出口规模过大，进口贸易不足，削弱了外国先进技术和生产设备对中国制造业，甚至整体经济的积极作用，同时限制了资源配置效率的改善和优化。针对这一点，2012 年中国开始实施积极主动扩大进口的战略措施，贸易政策导向由加入 WTO 初期的出口为主转向为进出口并重。三是贸易顺差过大造成国际市场上针对中国的各类反倾销、反补贴贸易诉讼大幅度增加，中国贸易伙伴国对中国的出口商品实施了贸易保护政策，设立了诸多的非关税壁垒，使得中国出口贸易面临重重困境。总体而言，2009 年以后，我国出口贸易呈现增速放缓的趋势，企业出口面临新的压力和挑战。

二、出口结构不断优化

本章主要从出口方式、出口产品结构、出口目的地结构三方面来分析我国出口贸易结构的变化。

1. 中国出口贸易方式从以低附加值的加工贸易为主逐渐转变为以高附加值的一般贸易为主

参照 Kee 和 Tang（2016）的方法，将出口贸易分为加工贸易、一般贸易以及其他贸易。图 2-6 绘制了 1981—2019 年中国加工贸易、一般贸易和其他贸易出口规模的变化情况。可以看出，1981—2019 年，中国存在较大的出口贸易方式结构调整。具体而言：（1）改革开放初期，由于中国生产能力有限，出口贸易主要是以一般贸易为主，在 1982 年中国一般贸易出口额为 206.69 亿美元、加工贸易出口额为 15.77 亿美元、其他贸易出口额为 0.74 亿美元。（2）1988—1992 年，加工贸易出口进入高速增长期，加工贸易出口额由 128.33 亿美元上升至 396.07 亿美元，年均增长率为 32.54%。20 世纪 80 年代末，中国为了吸引发达国家跨国公司先进的制造技术和成熟的制造工序转移到中国，陆续出台了一系列鼓励加工贸易的政策措施，1989 年颁布的《关于加强进料加工复出口管理工作的通知》，更是使得进料加工逐渐成为加工贸易的主导方式。在加工贸易的高速增长期，进料加工的贸易方式占出口总额的比重由 1988 年的 38.26% 增加至 1992 年的 60.73%。（3）1992 年后，中国开始整顿加工贸易秩序，加大加工贸易监管力度，于 1999 年发布了第一批《加工贸易禁止类、进口限制类商品目录》，2000 年出台了有关出口加工区监管的系列政策措施。在此期间，加工贸易出口额由 1992 年的 396.07 亿美元提高到加入 WTO 前 2001 年的 1,474.34 亿美元，其中 1993 年中国加工贸易出口规模超过一般贸易且持续保持，1995 年加工贸易出口规模占出口总额的一半，成为中国出口贸易的"半壁江山"，中国变为"世界加工厂"。（4）2002—2008 年，加工贸易与一般贸易出口规模稳步上升，加工贸易仍是中国的主要贸易方式。加工贸易出口额由 2002 年的 1,799.27 亿美元上升至 2008 年的 6,751.14 亿美元，一般贸易出口额由 2002 年的 1361.87 亿美元上升至 2008 年的 6,628.62 亿美元，2002 年加工贸易出口占比为 55.26%，一般贸易为 41.83%。（5）2009 年受金融危机影响，一般贸易和加工贸易出口额均有所下降，但 2010 年有所回升，2011 年后一般贸易出口规模超过加工贸易出口规模，成为中国出口的主要方式，同时二者间的差距不断扩大。加工贸易出口占比由 2009 年的 48.84% 下降至 2014 年的 37.75%，一般贸易出口占比由 44.09% 上升至 51.38%。在这一时期，以加工贸易为主的贸易方式促使中国在国际分工中处于全球价值链底端，大而不强的外贸状况使得中国在面临金融危机这类负向冲击时处于被动局面。鉴于此，中国在 2009 年开始积极实施了一系列稳增长、调结构的外贸政策，2012 年商务部颁布《关于促进加工贸易转型升级的指导意见》，2013 年国务院办公厅出台《关于促进进出口稳增长、调结构的若干意见》。（6）2015 年受外需持续低迷及国内经济转型升级的影响，一般贸易和加工贸易出口规模均有所下降，2016 年一般贸易出口规模开始回升，但加工贸易持续下降。随后，一般贸易出口额继续上涨，但加工贸易出口额呈现出波动，2019 年一般贸易出口额高达 14,444.07 亿美元，而加工贸易出口额仅为 7,354.36 亿美元，小于 2015 年加工贸易出口规模。在这一时期，一般贸易出口额占比上升了 4.36%，加工贸易出口额下降了 5.66%。由于加工贸易在我国确立贸易大国地位、增加就业等方面发挥了重要作用，2016 年国务院印发了《关于促进加工贸易创新发展的若干意见》《关于促进外贸回稳向好的若干意见》等政策措施，将支持加工贸易放到了更加突出的位置，通过制定差异化支持政策精准发力，引导加工贸易由东部沿海地区向中西部内陆地区转移。而 2019 年新冠疫情使得国际市场的不确定性因素显著增加，中国出口订单急剧减少，其中加工贸易受疫情的负面影响更为快速直接，2019 年一般贸易出口规模依然增加，但增速放缓，但加工贸易出口规模出现下降。

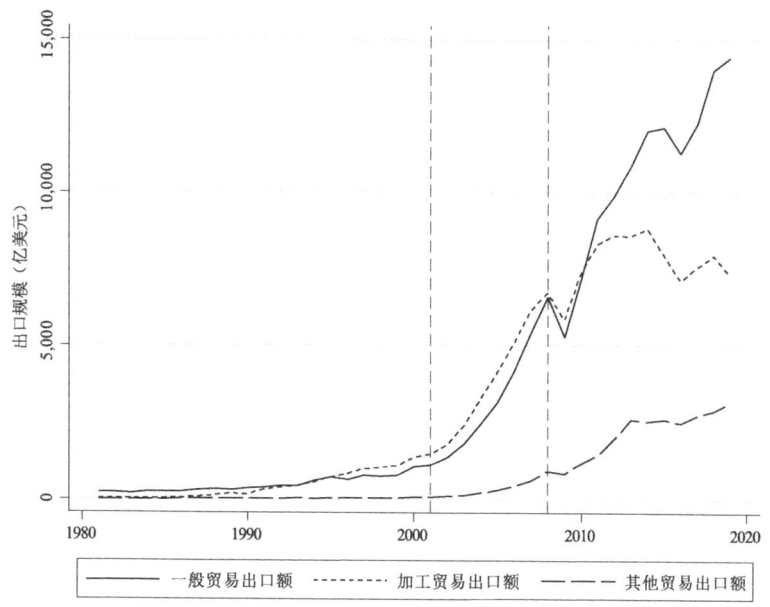

图 2-6 1981—2019 年中国不同贸易方式的出口规模变化情况

数据来源：《中国贸易外经统计年鉴》。

2. 中国出口产品结构从以低技术含量为主逐步转变为以中高技术含量为主

我们根据 Lall 和 Sanjaya（2000）的产品分类方法，分析 1995—2019 年中国出口产品结构的变化，如图 2-7 和图 2-8 所示。可以看出，在此期间中国出口产品技术结构存在根本性变化，从以低技术含量为主逐步转变为以中高技术含量为主。具体而言：（1）除初级产品以外的其他产品出口均呈现出明显的增长趋势，其中资源型工业制成品的增长速度较为缓慢。初级产品的出口份额逐年减少，由最开始的 8.93% 下降到 2019 年的 2.89%。工业制成品中资源型产品的出口份额基本保持不变，在 7%—9% 内波动，而技术类工业制成品的总出口份额有微弱上升，从 1995 年的 81.18% 上升到 2019 年的 88.69%。(2)低技术工业制成品的出口份额呈持续下降趋势，中等技术工业制成品的出口份额略有增长，高技术工业制成品的出口份额有较大幅度的增加。其中，低技术工业制成品的出口份额从 1995 年的 48.71% 下降至 2019 年的 27.98%，而高技术工业制成品的出口份额从 14.09% 上升至 35.10%，尤其是在 2001 年加入 WTO 后初期增长尤为明显，从 2000 年的 23.31% 上升至 2005 年的 34.01%，增长了 10.70%，占总增长幅度的 50% 左右，而这与那一时期的国际分工中中国积极承接高新技术制造业的加工贸易以及 2003 年十六届三中全会明确推动加工贸易转型升级的战略任务有关。(3)1995 年低技术工业制成品是我国第一大出口产品，自 2006 年以来高技术工业制成品超越低技术工业制成品，成为中国第一大出口产品。

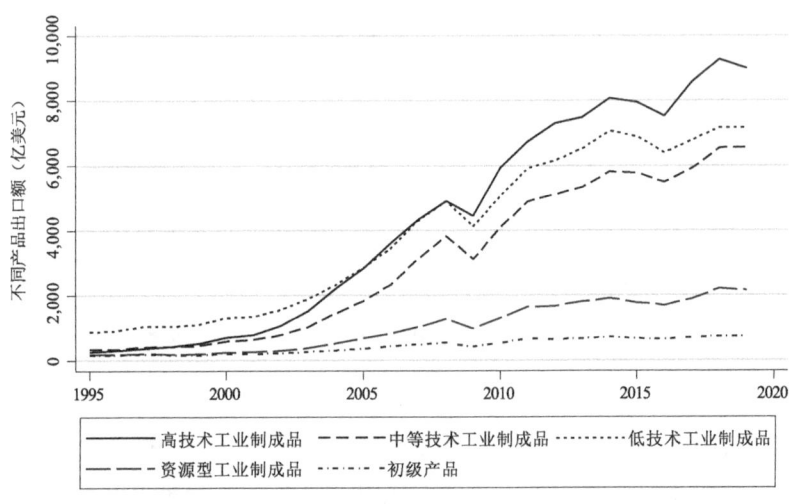

图 2-7 1995—2019 年中国不同产品出口规模变化趋势

数据来源：BACI-CEPII 数据库。

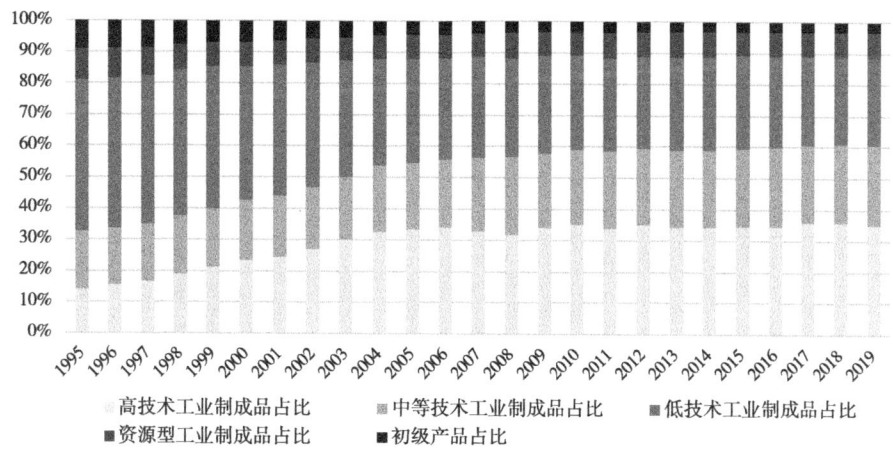

图2-8 1995—2019年中国出口产品技术结构变化趋势

数据来源：BACI-CEPII数据库。

3. 中国出口市场中发展中国家的出口占比上升

表2-2显示了2000年和2019年我国出口目的地的构成情况。从2000年至2019年中国出口目的地呈现出明显变化，具体表现出如下特征：（1）2000年中国的前十大出口目的地均为经济富裕的发达国家（地区），2000年和2019年前五大出口目的地未发生改变，仍为美国、中国香港、日本、德国和韩国，但2019年前十大出口目的地新增了三个发展中国家，为越南、印度和墨西哥，在中国出口规模中分别排名第六名、第七名和第十名。（2）中国在出口市场上的集中度出现明显下降，在2000年前十大出口目的地占当年出口总额的比重为74.81%，但在2019年仅为54.73%，这意味着中国出口目的地存在多样化趋势，有助于规避风险。（3）非OECD国家成为中国的主要出口目的地，在2000年中国出口到OECD国家占比为43.36%，而2019年仅为36.96%，但非OECD国家的出口占比上升明显，从2000年的56.64%提高至2019年的63.04%。

表 2-2 2000 年和 2019 年中国出口目的地结构

排名	2000 年			2019 年		
	国家（地区）	出口额（亿美元）	出口占比（%）	国家（地区）	出口额（亿美元）	出口占比（%）
1	美国	688.57	22.46	美国	4294.20	16.69
2	中国香港	540.61	17.64	中国香港	2675.90	10.40
3	日本	456.89	14.91	日本	1518.52	5.90
4	德国	126.52	4.13	韩国	1078.16	4.19
5	韩国	118.24	3.86	德国	969.41	3.77
6	英国	110.76	3.61	越南	910.91	3.54
7	荷兰	65.96	2.15	印度	726.16	2.82
8	法国	65.20	2.13	荷兰	649.63	2.52
9	新加坡	63.40	2.07	英国	636.09	2.47
10	意大利	56.61	1.85	墨西哥	625.06	2.43
	OECD 国家	1329.07	43.36	OECD 国家	9510.04	36.96
	非 OECD 国家	1736.05	56.64	非 OECD 国家	16221.45	63.04

数据来源：BACI-CEPII 数据库。

三、出口产品质量未发生明显变化

出口产品质量反映了出口产品能否满足消费者需求，是一国出口竞争力的重要体现。产品质量的内涵较为丰富，既包含产品耐用性、兼容性、售后服务等客观特征，也包含产品品牌效应等社会特征，还包括产品传递给消费者的视觉和心理满足感等（Garvin，1984）。总而言之，在相同数量的情况下，产品带给消费者的效用越高，产品质量越好（施炳展，2014）。

对于不可直接观测的产品质量，现有的测算方法主要有三种：第一种，单位价值法。早期文献主要采用出口产品的单位价格作为出口产品质量的代理变量，如 Schott（2004）、Bastos 和 Silva（2010）等学者的研究。但是出口产品价格不仅受产品质量因素的影响，还会受到市场成本、汇率、消费者偏好等多种因素的影响，以出口价格作为产品质量的代理变量必然存在较大误差。第二种，特定产品特征法。部分学者采用产品特征来衡量产品质量，如 Hallak 和 Sivadasan（2013）、Crozet 等（2011）。这种方法虽然克服了单位价值法的不足，但无法针对大多数制造业产品进行研究，具有很强的局限性，所以采用该方法的研究较少。第三种，事实反推法。为突破单位价值等于产品质量的假设，Khandelwal 等（2013）采用需求函数倒推出产品质量，其基本思想在于，为满足效用最大化，消费者会综合考虑产品价格和质量，选择出同类型产品中性价比最高的一种，因此当产品价格相同的情况下，出口市场份额越高表示产品质量越好。事实反推法是目前衡量出口产品质量最广泛的方法，本章采用该方法测算了 2000—2016 年企业出口产品质量，具体的测算过程如下。

首先，假定代表性消费者效用函数满足 CES 形式：

$$U = \left(\sum_k \left[q(k)\lambda(k) \right]^{\frac{\sigma-1}{\sigma}} \right)^{\frac{\sigma}{\sigma-1}} \tag{2-1}$$

其中，k 表示产品种类，$q(k)$ 和 $\lambda(k)$ 分别表示产品 k 的数量和质量，$\sigma > 1$ 表示产品间的替代弹性。在限定消费者支出 E 的情况下，根据公式（2-1）可得到 t 年 c 国对企业 i 产品 k 的需求量：

$$q_{ikct} = p_{ikct}{}^{-\sigma} \lambda_{ikct}{}^{\sigma-1} \frac{E_{ct}}{P_{ct}} \tag{2-2}$$

其中，下标 i、k、c、t 分别表示企业、产品、出口目的地和年份，p_{ikct} 和 λ_{ikct} 分别表示企业出口产品价格和质量，P_{ct} 表示 t 年 c 国的产品综合价格指数。对公式（2-2）两边取对数可得：

$$\ln q_{ikct} + \sigma \ln p_{ikct} = (\sigma-1)\ln \lambda_{ikct} + \ln E_{ct} - \ln P_{ct} \tag{2-3}$$

令 $\chi_{ct} + \chi_k = \ln E_{ct} - \ln P_{ct}$，$\chi_{ct}$ 表示出口目的地 – 年份联合固定效应，控制出口目的地的需求冲击、偏好变动等，χ_k 表示产品固定效应，控制 HS6 位码产品间的个体差异。令 $\varepsilon_{ikct} = (\sigma-1)\ln \lambda_{ikct}$，$\varepsilon_{ikct}$ 则为涵盖产品出口质量的残差项。进而，构造出最终的质量测算估计方程：

$$\ln q_{ikct} + \sigma \ln p_{ikct} = \chi_{ct} + \chi_k + \varepsilon_{ikct} \tag{2-4}$$

本书选用 Broda 等（2017）估计出的行业间价格弹性，将 σ 设定为 4，同时对公式（2-4）进行 OLS 回归得到残差项的估计值 $\hat{\varepsilon}_{ikct}$，而 $\hat{\varepsilon}_{ikct}/(\sigma-1)$ 就是本书所需的出口产品质量对数值（ $quality_{ikct}$ ）。为了使得不同企业、不同产品间的质量跨期可比，借鉴施炳展和邵文波（2014）的方法，对 HS6 位码产品的出口质量进行离差标准化处理：

$$quality_{ikct,standard} = \frac{quality_{ikct} - \min quality_{ikct}}{\max quality_{ikct} - \min quality_{ikct}} \qquad （2-5）$$

其中， $\max quality_{ikct}$ 和 $\min quality_{ikct}$ 分别表示 t 年产品 k 出口质量的最大值和最小值。 $quality_{ikct,standard}$ 为标准化后的企业 – 产品 – 目的地 – 年份层面的出口产品质量。需要说明的是，本书通过需求函数倒推质量时并未采取施炳展和邵文波（2014）用数量对价格进行回归的做法，主要原因在于，尽管这种做法在测算时选择企业在其他市场出口产品的平均价格作为企业出口产品价格的工具变量，但仍有可能存在较为严重的内生性问题。

本书采用 2000—2015 年中国海关数据库，选取产品出口数量和出口价值指标，计算出出口价格，再对公式（2-4）进行 OLS 回归进而得到产品层面的出口质量。为了保证回归结果的可信度，参照施炳展和邵文波（2014）的做法对原始数据进行处理，具体过程如下：（1）剔除企业名称、出口目的地等关键信息缺失的样本；（2）由于中间贸易商可能进行价格调整，无法反映出生产企业的真实产品质量，故将企业名称中包含"进出口""贸易"等关键词的企业样本删除；（3）剔除单笔交易金额小于 50 美元，或交易数量单位小于 1 的样本；（4）根据 CEPII-BACI 数据库中的商品编码转化标准，将海关数据中的 HS8 位码同国际 HS6 位码、SITC Rev.2 三位码和四位码、ISIC Rev.2 三位码对齐，仅保留制造业企业样本，即删除 SITC Rev.2 四位码大于 9000 或小于 5000 的样本、ISIC Rev.2 三位码大于 400 或小于 300 的样本；（5）由于初级品（primary products）以及资源品（resource based manufactures）的质量差异主要

与国家自然资源禀赋有关，无法准确体现出口产品质量的内涵，因此在
SITC Rev.2 三位码的基础上按照 Lall 和 Sanjaya（2000）的划分方法，删
除属于初级品和资源品的样本；（6）如 Rauch（1996）所述，SITC Rev.2
四位码产品可分为同质性产品（homogeneous goods）、参考价格产品
（reference priced goods）和差异化产品（differentiated goods）三种，而
产品垂直差异主要体现在差异化产品上，因此仅保留差异化产品的样本；
（7）为了保证回归结果的可信性，删除 HS6 位码层面样本量小于 100 的
样本。通过上述处理过程，我们最终得到的样本量为 28,341,325，反映
了 2000—2016 年 319,561 个企业向 238 个国家或地区出口 2,050 种 HS6
位码商品。

　　本书主要是从以下四个方面对企业出口产品质量进行分析：（1）企
业出口产品质量的整体变化情况；（2）不同分位点企业的出口产品质量变
动情况；（3）按贸易方式区分为加工贸易和一般贸易，考察出口产品质量
在采用不同贸易方式间的差异性；（4）根据出口目的地经济发展水平，考
察中国企业出口到高收入国家（地区）和中低收入国家（地区）的产品
质量差异性。

　　图 2-9 绘制了 2000—2015 年中国企业出口产品质量的总体变化趋
势，产品质量由每年企业 - 产品 - 目的地层面的出口金额占当年出口总
额的比重加权得出。2000—2015 年间出口产品质量平均为 0.518，在样
本考察期内呈现出明显的波动趋势。2000—2004 年，企业出口产品质
量由 0.515 缓慢上升至 0.538，增长了 4.466%。2004 年后出口产品质量
大幅度下降，到 2006 年仅为 0.516；2007 年产品质量有所上升，增长
至 0.525，随后连续下降四年，2011 年降低至 0.489，下降了 6.857%；
2012—2015 年，产品质量呈现小幅度波动。2015 年，出口产品质量为
0.517，仅略低于平均出口产品质量，2000 年企业出口产品质量与 2015
年基本相同，表明在 2000—2015 年，尽管我国出口规模快速扩张，但企
业出口产品质量并未发生明显变化。

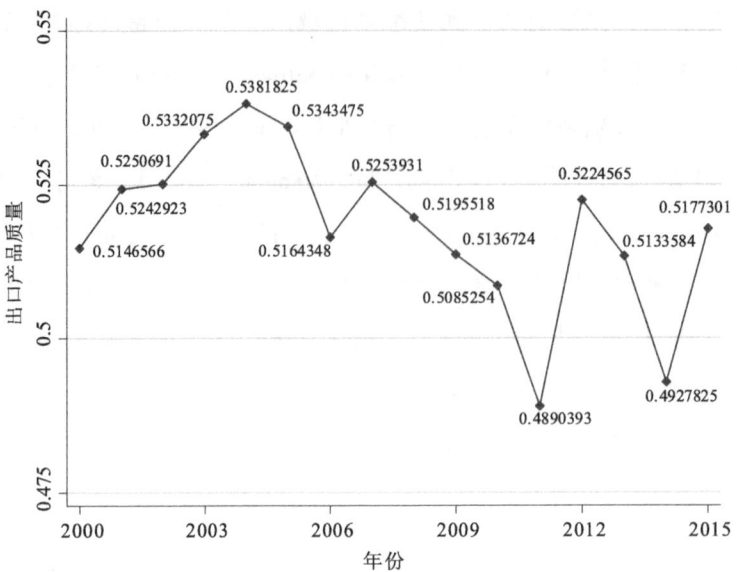

图 2-9　2000—2015 年中国企业出口产品质量的总体变化趋势

数据来源：作者根据测算出的企业出口产品质量绘制而成。

接下来，本书考察了不同分位点企业的出口产品质量变动情况，如表 2-3 所示。可以看出，2000—2015 年不同分位点企业出口产品质量的差异逐渐扩大。出口产品质量在 75 分位点企业和 25 分位点企业的差异在 2000 年为 0.116，这一差异从 2000 年开始逐年上升，2015 年的出口产品质量在 75 分位点企业和 25 分位点企业的差异增长至 0.140。与此同时，2000—2015 年，企业出口产品质量的标准差呈现出相同的逐年上升趋势，意味着企业出口产品质量的差异化程度正在增加。

表 2-3　2000—2015 年中国企业出口产品质量变化情况

	2000年	2001年	2002年	2003年	2004年	2005年	2006年	2007年	2008年	2009年	2010年	2011年	2012年	2013年	2014年	2015年
25分位点	0.380	0.385	0.386	0.386	0.386	0.384	0.372	0.388	0.383	0.377	0.375	0.376	0.365	0.362	0.367	0.364
50分位点	0.435	0.440	0.441	0.442	0.441	0.437	0.426	0.440	0.434	0.430	0.427	0.427	0.424	0.422	0.420	0.425
75分位点	0.496	0.502	0.502	0.504	0.504	0.499	0.485	0.499	0.493	0.488	0.486	0.483	0.502	0.500	0.482	0.504

　　图 2–10 绘制了 2000—2015 年不同贸易方式的企业出口产品质量变化情况。可以看出，在样本期内，加工贸易企业出口产品质量均高于一般贸易企业，这与加工贸易"两头在外，中间在内"的生产模式密切相关。由于加工贸易企业的原材料或关键零部件主要来源于发达国家或新兴经济体，产品质量普遍较高，使得最终品的产品质量相对较高。根据出口目的地经济发展水平，分别计算了中国企业出口到高收入国家（地区）的出口产品质量以及出口到中低收入国家（地区）的出口产品质量，2000—2015 年不同出口目的地的企业出口产品质量变动情况如图 2–11 所示。结果显示，尽管在样本期内企业出口产品质量存在波动，但中国企业出口到高收入国家（地区）的产品质量均高于出口到中低收入国家（地区）的产品质量，这主要与高收入国家（地区）消费者较高的产品质量要求有关，这将倒逼我国企业优化出口结构，提高出口产品质量。

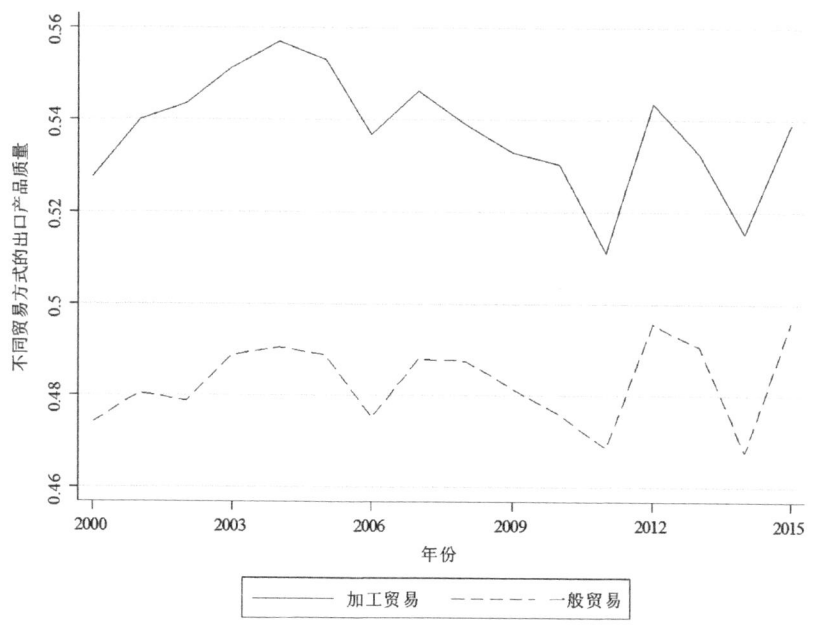

图 2–10　2000—2015 年不同贸易方式的出口产品质量变动情况

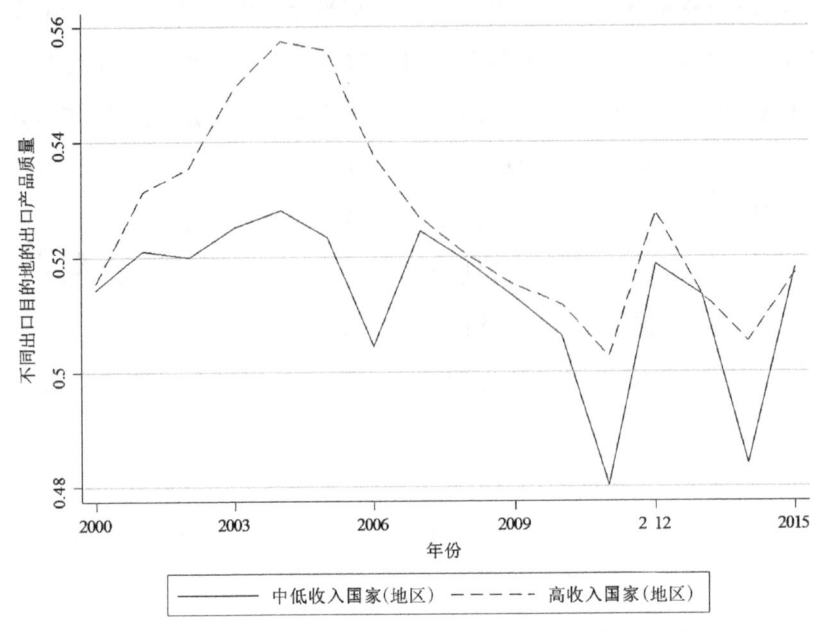

图 2-11 2000—2015 年不同出口目的地的产品质量变动情况

第三节　中国出口贸易中工业智能化的应用情况

由于国际机器人联盟数据库无法观测到机器人与中国出口贸易的具体关系，本章借鉴已有研究（Acemoglu 和 Restrepo，2018e；Fan 等，2021；李磊等，2021），采用中国海关数据库中企业工业机器人进口数据来度量企业机器人使用情况，来分析工业智能化在中国出口贸易中的应用情况。具体而言，在 HS8 位码体系中机器人主要包括 84248920（喷涂机器人）、84289040（搬运机器人）、84795010（多功能工业机器人）、84795090（其他工业机器人）、84864031（集成电路工厂专用的自动搬运机器人）、85152120（电阻焊接机器人）、85153120〔电弧（包括等离子弧）焊接机器人〕、85158010（激光焊接机器人）。本章使用 2000—2016年中国海关数据，根据机器人的 HS8 位码信息，识别出出口企业中采用工业智能化的企业。

图 2-12 绘制了 2000—2016 年中国出口企业中使用机器人的企业累计数量和比重的变化趋势。如图所示，2000—2016 年使用机器人的出口企业数量不断上升，2016 年累计有 4,972 家出口企业使用工业机器人。从使用机器人的出口企业占比来看，2000 年有 0.40% 的出口企业使用机器人，随后快速上升，2005 年达到最大值，为 1.27%。2006—2013 年，使用机器人的出口企业占比逐年下降，2013 年仅有 1.04% 的出口企业使用机器人。2013 年后，使用机器人的企业份额略有上升，截至 2016 年存在 1.16% 的出口企业使用机器人，说明在出口贸易中仅有少数企业使用了工业机器人，存在巨大的增量空间。

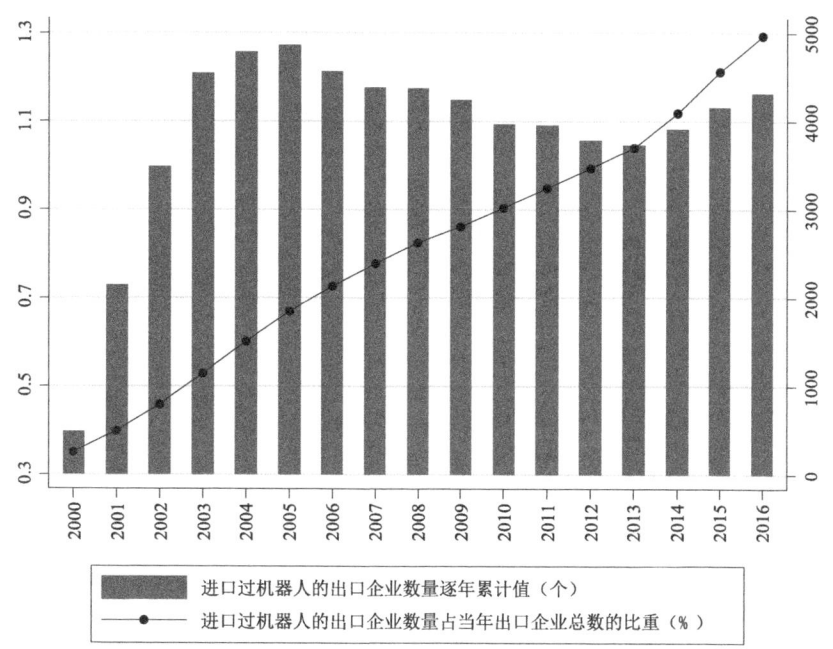

图 2-12　2000—2016 年使用机器人的中国出口企业累计数量和比重的变化趋势

数据来源：中国海关数据库。

本章进一步依照出口企业是否使用机器人，将企业分为从未使用机器人、使用机器人前以及使用机器人后三种情形。表 2-4 显示了每种情形下企业出口总额、一般贸易出口额、加工贸易出口额、中高技术工业制成品出口额以及中高技术工业制成品出口份额的基本统计特征。通过对比表2-4中各指标的均值和中位数，可以看出：（1）无论是从出口总额还是从一般贸易或加工贸易的出口额来看，使用机器人企业的出口规模在均值和中位数方面均明显高于未使用机器人的企业。这可能意味着企业使用机器人主要是出于两类动机：一是其出口规模较小，在出口市场中处于弱势地位，期望通过使用机器人来实现出口增长；二是出口规模较大、国际竞争力较强，期望通过使用机器人来巩固和扩大自身优势。结合表2-4的信息，企业在使用机器人前出口规模的均值和中位数明显高于未使用机器人的企业，表明企业更可能是出于巩固和扩大自身优势的目的使用机器人。（2）企业使用机器人后，出口总额的均值和中位数明显提升，其中一般贸易出口额的均值略有下降，加工贸易出口额的均值略有提升。表明工业智能化的确对出口规模存在明显的提升作用，但这一促进效果主要源于加工贸易。（3）关于出口产品技术结构，企业使用机器人后中高技术工业制成品出口规模和出口份额普遍有所提升，说明工业智能化有助于我国出口贸易技术结构优化。

表2-4 工业机器人应用与出口贸易的基本关系

指标	出口总额（百万美元）		一般贸易出口额（百万美元）		加工贸易出口额（百万美元）		中高技术工业制成品出口额（百万美元）		中高技术工业制成品出口份额	
	均值	中位数	均值	中位数	均值	中位数	均值	中位数	均值	中位数
未使用机器人	5.27	0.64	3.21	0.51	9.25	0.55	5.74	0.36	0.66	0.93
使用机器人前	68.75	3.41	20.75	1.01	86.73	3.46	74.15	3.03	0.75	0.97
使用机器人后	88.41	4.50	20.28	1.05	103.12	3.52	94.41	3.83	0.79	0.98

数据来源：中国海关数据库。

第三章　工业智能化、要素流动与
中国城市出口规模

第一节　理论分析与研究假说

要素流动是影响出口增长的一个重要原因。城市工业智能化的广泛应用可能通过吸引劳动力和资本要素流入，从而推动城市出口规模扩张。一方面，对于处于机器人早期应用阶段的中国而言，人工智能带来的就业创造效应总体上大于就业替代效应（李磊等，2021）。但并非所有劳动力都能从人工智能的普及应用中受益，工业智能化对从事不同工作和不同技能水平的劳动力具有明显的差异性影响。相较于非常规、工作任务难以被替代的高技能劳动力，从事重复性、常规性生产任务的低技能劳动力更容易被机器人替代（韩民春等，2020），进而促使低技能劳动力从工业智能化程度高的东部地区向工业智能化程度低的西部地区转移、从制造业向服务业转移（綦建红和付晶晶，2022）。与此同时，由于技能和技术的互补性，工业智能化引致的企业劳动力需求增加往往在设计、研发、操控、管理等高技能劳动力具有比较优势的生产环节（Xie et al.，2021），从而吸引了大规模高技能人才因就业岗位增加而涌入工业智能化程度高的城市（魏下海等，2020），促使此类城市人力资本水平上升。较高的人力资本水平可以通过技术创新、生产率效应等促进出口规模扩大。首先，人力资本水平的提升会进一步诱发企业开展技术创新活动，从而优化企业产品结构和产出规模，促使企业具有更为明显的出口竞争优势，最终实现出口规模扩张（Auer，2015）。其次，较高的人力资本会通过研发等渠道提高企业生产率水平，而生产率的提升不仅能够促进在位出口企业的出口规模扩大，还能促使非出口企业克服出口固定成本进入国际市场。

另一方面，作为新型生产技术，人工智能通过塑造技术比较优势推动制造业空间集聚（魏嘉辉和顾乃华，2022）。同时区域间智能资本的投入差距会拉大区域资本收益差距，促使制造业企业将生产经营活动迁移至智能资本投入多的区域以谋求更高的资本收益（王书斌，2020），进而推动制造业在工业智能化程度高的城市集聚。人工智能带来的制造业空间集聚可能会进一步通过以下两个途径影响城市出口规模：首先，制造业集聚通过技术溢出、信息共享以及规模经济等外部经济效应大幅度提升企业生产率水平、降低企业出口固定成本和失败概率，从而推动企业出口二元边际的扩张（Fernandes 和 Tang，2014；陈旭等，2016）。其次，空间集聚能够有效增强企业间商业信用能力（王永进和盛丹，2013），进而通过缓解企业融资约束促进企业出口扩张（Manova，2013）。

据此，本章提出如下假说。

假说 3.1：工业智能化通过吸引高技能劳动力、挤出低技能劳动力，促进城市人力资本水平提高，进而推动出口规模扩张。

假说 3.2：工业智能化通过推动资本转移、促进制造业集聚，进而实现出口规模扩张。

第二节　实证研究设计

一、数据说明

本书采用工业机器人数据来反映工业智能化程度，考虑到我国工业机器人在 2006 年之后才开始广泛使用，本章将样本考察期设置为 2006—2016 年，数据主要来源于国际机器人联盟（IFR）数据库以及中国海关数据库。IFR 数据库提供了 1993—2019 年全球近 100 个国家或地区包括农业、制造业和部分服务业在内的行业层面工业机器人安装量和保有量数据，本章将 IFR 行业与国民经济行业分类 2002 年版本两位码行业（简称 CIC-2 位码行业）进行匹配，最终得到 15 个制造业细分行业数据。

中国海关数据库提供了中国所有企业进出口交易的详细信息，本章使用海关数据库中企业代码的前四位来识别企业区位，进而得到城市 - 产品层面的出口数据。值得注意的是，部分企业的前四位代码不是企业所在城市，而是海关关区代码，本章根据国内地区代码表将海关关区代码与全国地级及以上城市的行政区划代码进行匹配，并将行政区域代码统一至 2016 年版本。在样本期内，安徽省巢湖市自 2011 年起从地级市调整为县级市，由合肥市代管。借鉴蒋灵多等（2021）的做法，本章将巢湖市和合肥市的样本剔除，以保持数据统计前后的一致。最终，本章得到 270 个地级及以上城市数据。

城市层面控制变量所需数据来源于《中国城市统计年鉴》、EPS 数据平台以及最低工资标准数据库。为了剔除价格波动的影响，本章采用以 2006 年为基期的相关价格指数对以货币计价的数据进行平减处理，其中 GDP 以地区生产总值指数进行平减，FDI、年末金融机构贷款余额和工资数据以居民消费价格指数进行平减。

二、计量模型设定

为考察工业智能化对城市出口规模的影响，本章的基准计量模型设定如下：

$$\ln exp_{ijt} = \alpha_0 + \alpha_1 \ln robots_{it} + \gamma X_{it} + \mu_i + \mu_j + \mu_t + \varepsilon_{ijt} \qquad (3-1)$$

其中，i 表示城市，t 表示年份，j 表示 HS6 位码产品，exp 表示 t 年 HS6 位码产品 j 在城市 c 的出口行为。本章研究的主要目的是从出口规模的角度考察工业智能化对中国出口贸易的影响，因此主要使用城市 – 产品层面出口总额（$expv$）的对数值来衡量城市出口规模，表征城市总体出口行为。此外，我们在基准回归中分别以城市 – 产品层面出口数量（$expq$）的对数值、城市 – 产品层面出口价格（$expp$）的对数值和城市 – 产品层面出口目的地数量（$expd$）的对数值分别作为被解释变量，以考察城市工业智能化引致的产品出口增长主要体现在哪个方面，而上述三个指标分别表征城市 – 产品层面的出口三元边际，即数量边际、价格边际和扩展边际。$robots$ 表示城市工业智能化程度。X 为一系列城市层面控制变量的集合，包括：（1）经济发展水平（$\ln pgdp$），用城市人均地区生产总值的对数值表示；（2）劳动力成本（$\ln laborcost$），选取各城市最低工资标准的对数值作为代理变量；（3）信息化程度（$informationize$），选取邮电业务总量与该地区生产总值的比值作为代理变量；（4）金融发展水平（$finance$），用各地区年末金融机构各项贷款余额占地区生产总值的比重表示；（5）外商直接投资（fdi），用实际利用外商直接投资额占地区生产总值的比重表示。在回归中，本章控制了城市固定效应 μ_i、HS6 位码产品层面的固定效应 μ_j 以及时间固定效应 μ_t，并将标准误聚类到城市层面。

三、核心指标构建

诸多文献讨论了机器人应用对区域劳动力市场的影响，其中 Acemoglu 和 Restrepo（2020a）构建了一个包含区域内贸易的一般均衡模型，模型均衡解表明区域劳动市场所面临的机器人冲击大小主要取决于行业层面机器人使用规模变化以及不同区域的产业结构差异。具体而言，在封闭条件下，Acemoglu 和 Restrepo（2020a）假设一个经济体存在 C 个地区和 I 个部门，每个部门的生产要素投入有两种：劳动力 L 和机器人 M。其中，产品生产时由一系列连续任务模块组成 $s \in [0, 1]$，生产区间 $[0, \theta_1]$ 的任务由机器人替代工人完成。进一步假设所有地区面对相同的自动化技术进步，即行业 i 机器人可替代的任务数量上限 θ_1 对所有地区都是相同的，而行业层面机器人可替代的任务数量 θ_1 是不同的。根据生产利润最大化、劳动力市场出清、机器人市场出清以及非机器人资本市场出清可以得到如下均衡解：

$$\mathrm{dln}L_c = -\frac{1+\eta}{1+\varepsilon}\sum_{i\in I}\ell_{ci}\frac{\mathrm{d}\theta_i}{1-\theta_i} + \frac{1+\eta}{1+\varepsilon}\pi_c\sum_{i\in I}\ell_{ci}\frac{s_{icL}}{s_{cL}}\frac{\mathrm{d}\theta_i}{1-\theta_i} \qquad (3-1)$$

$$\mathrm{dln}W_c = -\eta\sum_{i\in I}\ell_{ci}\frac{\mathrm{d}\theta_i}{1-\theta_i} + (1+\eta)\pi_c\sum_{i\in I}\ell_{ci}\frac{s_{icL}}{s_{cL}}\frac{\mathrm{d}\theta_i}{1-\theta_i} \qquad (3-2)$$

其中，$\mathrm{dln}L_c$ 表示由工业机器人应用导致的地区劳动力就业变化，$\mathrm{dln}W_c$ 表示机器人应用导致的地区整体劳动力工资水平的变化，$1/\eta$ 和 $1/\varepsilon$ 分别表示机器人和劳动力供给弹性，ℓ_{ci} 表示行业 i 就业人数占地区 c 就业总人数的比重，π_c 表示地区 c 的生产利润，s_{icL} 表示地区 c 行业 i 中劳动力产出所占份额，s_{cL} 则表示地区 c 劳动力产出所占份额。为了更为直观地观测机器人冲击对区域劳动力市场的影响，假设 $\theta_i = 0$，那么地区工业机器人冲击（exposure to robots）可进一步表示为：

$$ETR_c = \sum_{i\in I}\ell_{ci}\frac{s_{icL}}{s_{cL}}\frac{\mathrm{d}\theta_i}{1-\theta_i} \approx \sum_{i\in I}\ell_{ci}\frac{\mathrm{d}\theta_i}{1-\theta_i} \approx \frac{1}{\gamma}\sum_{i\in I}\ell_{ci}\frac{\mathrm{d}M_i}{L_i} \qquad (3-3)$$

其中，机器人生产率标准化为 1，γ 表示劳动力生产率。为了研究机器人对地区层面就业和工资的影响，Acemoglu 和 Restrepo（2020a）采用如下长差分形式的计量模型：

$$\mathrm{dln}L_c = \beta_c^L\sum_{i\in I}\ell_{ci}\frac{\mathrm{d}M_i}{L_i} + \zeta_c^L \qquad (3-4)$$

$$dlnW_c = \beta_c^W \sum_{i \in I} \ell_{ci} \frac{dM_i}{L_i} + \zeta_c^W \qquad (3-5)$$

其中，$\beta_c^L = \left(\frac{1+\eta}{1+\varepsilon}\pi_c - \frac{1+\eta}{1+\varepsilon}\right)\frac{1}{\gamma}$ 和 $\beta_c^W = \left[(1+\eta)\pi_c - \eta\right]\frac{1}{\gamma}$ 分别反映了地区机器人使用密度变化对区域劳动力市场的影响程度。公式（3-4）和公式（3-5）中 $\sum_{i \in I} \ell_{ci} \frac{dM_i}{L_i}$ 为基于模型结论构造的美国地区层面机器人使用密度变化指标，这一指标构建思路被广泛应用于机器人与劳动力市场的相关研究。此外，Acemoglu 和 Restrepo（2020a）进一步构建了开放条件下，即存在地区间贸易且贸易成本为 0 时的地区工业机器人冲击指标，与封闭条件相比并未发生变化。

借鉴已有研究，本章采用工业机器人使用密度作为反映工业智能化程度的指标。Acemoglu 和 Restrepo（2020a）为区域层面工业机器人使用密度指标的构建提供了理论基础，本章基于这一研究思路构建了城市工业机器人使用密度指标。首先，我们将 IFR 行业层面的工业机器人数据对应到 CIC-2 位码行业层面，然后依据样本窗口期前各城市的产业就业结构和各行业机器人渗透度估算出城市工业机器人应用水平指标，如下所示：

$$robots_{it} = \sum_r \frac{E_{ir,2000}}{E_{i,2000}} \times \frac{robots_{rt}}{L_{r,2000}} \qquad (3-6)$$

其中，i 表示城市，r 表示 CIC-2 位码行业，t 表示年份。$\frac{E_{ir,2000}}{E_{i,2000}}$ 表示 2000 年（样本窗口期前）i 城市制造业行业 r 的就业人数占该城市制造业就业总人数的比重，数据来自 2000 年全国人口普查数据。$L_{r,2000}$ 为 2000 年全国制造业行业 r 的总就业人数，数据来自《中国劳动统计年鉴》。$robots_{rt}$ 为 t 年中国制造业行业 r 的工业机器人安装量。因此，$robots_{it}$ 衡量了 t 年 i 城市每万人工业机器人使用台数，而不同城市间工业机器人使用密度的异质性主要来源于两部分：一是各行业工业机器人使用规模不同；二是各城市在样本窗口期前的产业结构不同。例如，在 2006—2016 年期间，造纸及出版印刷业工业机器人存量从 0 台上升至 880 台，而汽车制造业机器人存量从 399 台上涨至 230,520 台，提高了约 577 倍，年均增长率约为 70%，这意味着对汽车制造业依赖程度比较高的城市（如湖北省十堰市）所受到的机器人冲击会大于对造纸及出版印刷业依赖程度比较高的城市（如河北省廊坊市）。

四、特征事实：机器人应用分布

表 3-1 列举了 2006—2016 年 270 个样本城市中机器人使用密度扩张程度最大的 5 个城市和最小的 5 个城市，以分析不同城市工业机器人应用水平的特征事实。如表 3-1 所示，在样本期内，湖北省十堰市是机器人使用密度扩张程度最大的城市，2006 年每万人约使用 1.956 台工业机器人，2016 年约为 93.364 台。除了十堰市以外，2006—2016 年工业机器人使用密度扩张程度较大的另外 4 个地级行政单位分别是长春市、舟山市、惠州市以及深圳市，而机器人使用密度扩张程度最小的 5 个地级行政单位分别是阿拉善盟、乌海市、海西蒙古族藏族自治州（简称海西州）、六盘水市和博尔塔拉蒙古自治州（简称博州）。可以看出，机器人使用密度增长幅度较大的城市就业主要集中在汽车制造业和电气电子制造业等重工业行业，而这类行业在样本期内工业机器人使用量最大。相反，机器人使用密度增长幅度较小的城市就业主要集中在玻璃等矿物制品业、纺织业等轻工业行业，这类行业的机器人规模在 2006—2016 年间并未有明显的涨幅。

此外，从产业结构来看，部分城市制造业部门结构较为单一，例如，内蒙古乌海市玻璃等矿物制品业就业人数占到其制造业就业比重的 72.40%，浙江省舟山市电气电子制造业就业人数占制造业就业比重的 40.60%，而相对单一的产业结构会促使城市出口行为更容易受到行业层面机器人使用密度变动的影响。

表 3-1 2006—2016 年工业机器人使用密度变动的城市分布

城市	省份	2006 年	2016 年	机器人使用密度变化	主要产业	主要产业份额
机器人使用密度扩张程度最大的 5 个城市						
十堰	湖北	1.956	93.364	91.408	汽车制造业	0.407
长春	吉林	1.640	70.363	68.723	汽车制造业	0.287
舟山	浙江	1.182	41.098	39.915	电气电子制造业	0.406
惠州	广东	1.247	39.991	38.743	电气电子制造业	0.384
深圳	广东	2.386	41.069	38.683	电气电子制造业	0.361
机器人使用密度扩张程度最小的 5 个城市						
阿拉善盟	内蒙古	0.010	1.784	1.774	玻璃等矿物制品业	0.350
乌海	内蒙古	0.003	2.174	2.170	玻璃等矿物制品业	0.724
海西州	青海	0.803	2.976	2.173	玻璃等矿物制品业	0.280
六盘水	贵州	0.015	2.247	2.232	玻璃等矿物制品业	0.434
博州	新疆	0.027	2.495	2.467	玻璃等矿物制品业	0.389

数据来源：作者根据相关数据测算得出。

第三节 实证结果与分析

一、基准估计结果

表 3-2 报告了公式（3-6）的估计结果，列（1）—列（5）均控制了城市固定效应、产品固定效应和时间固定效应。其中，列（1）和列（2）分别为控制城市层面特征变量前后城市产品出口总额对工业智能化的最小二乘（OLS）估计结果。由结果可知，城市机器人渗透率的系数在 5% 水平上显著为正，表明在 2006—2016 年间相较于工业智能化程度较小的城市，工业智能化程度较大的城市产品出口规模相对更大，即城市工业智能化存在显著的出口促进效应。

这一回归背后有着怎样的经济含义呢？以列（2）的回归系数为例，每万人工业机器人使用密度上升 1 个百分点，会使得城市产品出口总

额上升 0.17%。若比较工业机器人使用密度分布 25 分位数和 75 分位数
的两个城市，在样本期内这两个城市工业机器人使用密度分别为 0.071
台／万人和 0.533 台／万人，这意味着相比于受工业机器人冲击小的城
市，受机器人冲击大的城市出口额在 2006—2016 年间相对累计提升了
约 34.39%，平均每年增加了 3.13%。此外，城市产品出口额的标准差
为 3.03，这两个城市产品出口总额上 34.39% 的变化差异相当于使本章
基准回归所考察的 270 个城市的产品出口总额的标准差在 11 年间平均
提高了约 11.35%。因此，工业智能化对城市出口规模的影响是非常明
显的。

表 3-2 中，列（3）—列（5）分别采用城市产品出口数量、出口价
格和出口目的地数量对城市工业智能化程度进行回归，以考察工业智能
化对城市产品出口三元边际的影响。结果显示，城市工业智能化水平的
提高显著促进了城市内产品出口数量的增加，对产品出口价格和产品出
口目的地数量同样具有积极影响，但这一影响在统计不显著。因此，工
业智能化带来的产品出口增长效应主要体现在数量边际上，对价格边际
和扩展边际没有明显影响。

表 3-2　工业智能化与中国城市出口规模

	（1） ln*expv*	（2） ln*expv*	（3） ln*expq*	（4） ln*expp*	（5） ln*expd*
ln*robots*	0.193*** （0.073）	0.174** （0.073）	0.202** （0.080）	0.031 （0.047）	0.041 （0.066）
ln*pgdp*		0.251*** （0.090）	0.193* （0.104）	0.058* （0.034）	0.104 （0.069）
ln*laborcost*		0.086 （0.140）	−0.089 （0.165）	0.175*** （0.066）	−0.013 （0.102）
informationize		0.365 （0.759）	0.898 （0.840）	−0.533 （0.406）	1.014* （0.571）
infrastructure		0.036* （0.021）	0.049 （0.081）	−0.013 （0.023）	0.048 （0.050）
finance		0.565** （0.269）	0.519 （0.675）	0.046 （0.117）	0.844* （0.477）

（续表）

	（1） lnexpv	（2） lnexpv	（3） lnexpq	（4） lnexpp	（5） lnexpd
固定效应	是	是	是	是	是
样本量	2,815,468	2,815,468	2,815,468	2,815,468	2,815,468
R^2	0.340	0.340	0.547	0.791	0.462

注：***、**、*分别表示 $p<0.01$、$p<0.05$ 和 $p<0.1$，下同；固定效应包括城市固定效应、产品固定效应和时间固定效应；括号内为聚类到城市层面的稳健标准误。

二、内生性处理与稳健性检验

1. 内生性处理

当进口国与出口国的技术水平存在一定差距时，为满足进口国的技术要求，出口企业尤其是向发达国家出口的企业将会被倒逼进行研发创新，进而提升产品技术含量。而工业智能化能够使得企业生产的产品达到人工生产无法实现的产品精度和科技含量，因此出口规模越大的城市越有动力广泛使用机器人，从而导致可能存在反向因果问题，本章通过选取合适的工具变量进行两阶段最小二乘（2SLS）估计来解决潜在的内生性问题。近年来随着中国传统制造业转型升级，中国制造业的崛起已经对包括美国在内的其他高收入国家造成冲击，美国政府将中国视为最强劲的竞争对手，因此中美之间在新生产技术和制造设备应用上具有很强的趋同性（王永钦和董雯，2020）。据此，本章采用美国行业层面机器人安装量作为中国同行业机器人安装量的工具变量。由图3-1所示，美国工业机器人使用与中国工业机器人使用在行业和城市两个维度均存在稳健的正相关关系，满足工具变量的相关性要求。同时由于美国工业机器人应用对中国城市出口规模的影响体现的是较为外生的技术进步，因此该工具变量也满足排他性约束要求。

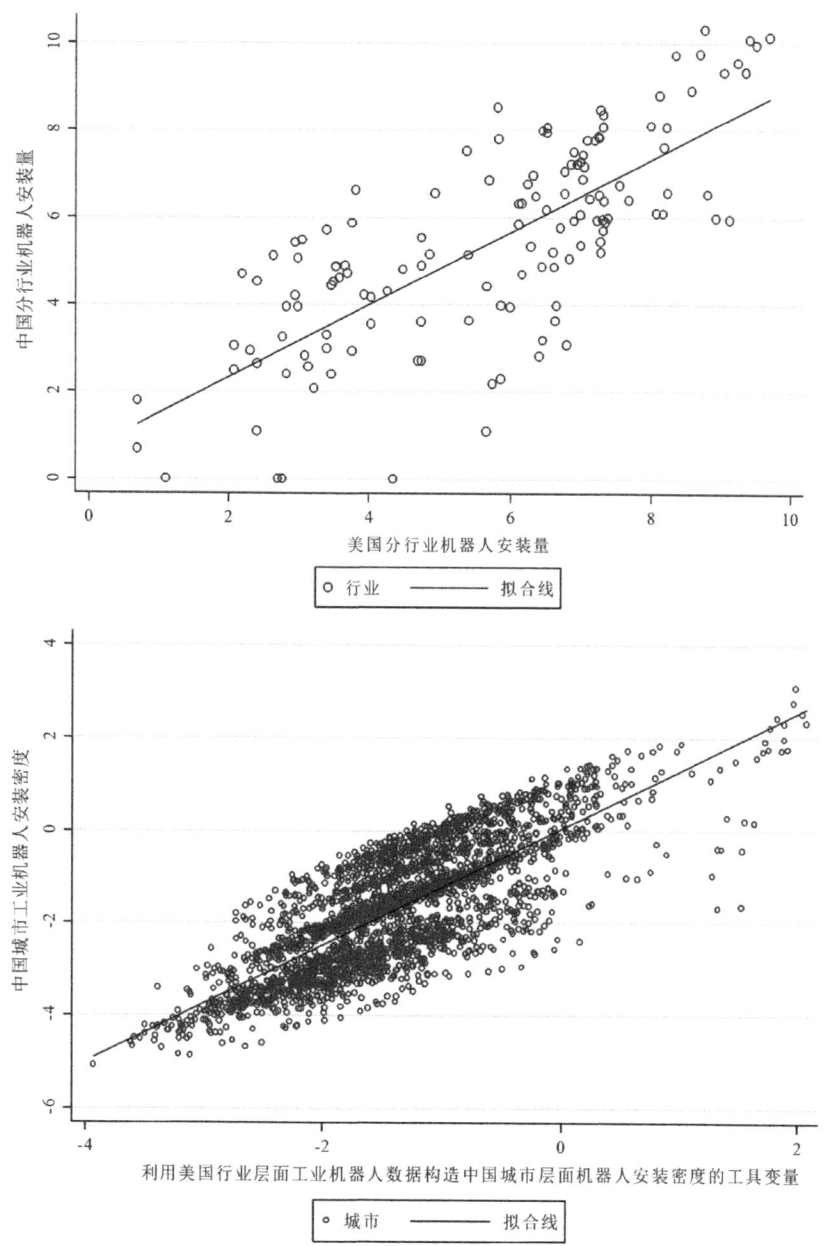

图3-1　美国工业机器人应用与中国工业机器人应用的相关关系

表3-3报告了中国城市工业智能化对城市产品出口总额的 IV 2SLS 估计结果。第一阶段回归结果表明，美国工业机器人应用水平的提高显

著促进了中国大规模使用工业机器人。第二阶段回归结果显示，工具变量通过了不可识别检验，且 Kleibergen-Paap Wald rk F 统计量通过了 Stock-Yogo 10% 的临界值，拒绝了"弱工具变量"假设，说明工具变量不存在识别不足问题。估计结果显示，城市工业智能化程度的估计系数在 10% 水平上显著为正，城市工业智能化程度每提高 1%，城市产品出口额将提高约 1.3%。在考虑内生性问题后，工业智能化存在显著的出口促进效应这一核心结论依然成立。

表 3-3　工具变量估计结果

	（1）	（2）	（3）	（4）
	第一阶段		第二阶段	
lnrobots			1.243* （0.647）	1.303* （0.684）
lnrobot_us	0.285*** （0.089）	0.276*** （0.088）		
城市特征变量	否	是	否	是
固定效应	是	是	是	是
不可识别检验			7.041***	6.798***
弱工具变量检验			20.195	19.808
样本量	2,815,468	2,815,468	2,815,468	2,815,468

注：固定效应包括城市固定效应、产品固定效应和时间固定效应；不可识别检验为 Kleibergen-Paap rk LM 统计量；弱工具变量检验为 Kleibergen-Paap Wald rk F 统计量。

2. 稳健性检验

本章采取了一系列的稳健性检验，结果如表 3-4 所示。稳健性检验的具体操作如下：（1）更换研究维度，选取城市层面出口总额的对数值作为被解释变量重新进行估计，结果如列（1）所示。（2）替换城市工业智能化指标，选取工业机器人存量数据替换安装量数据重新测度机器人使用密度。考虑到工业机器人产生的影响并非一蹴而就的，可能存在一定的时滞性，因此进一步采用滞后一期的城市工业机器人使用密度作为核心解释变量进行估计。（3）移除汽车制造业。2009 年商务部等六部门发布的《关于促进我国汽车产品出口持续健康发展的意见》明确指出，通过鼓励企业研发创新、优化出口产品结构、对外投资等方式，大力推动汽车出口，提升我国汽车产业的国际竞争力。而汽车出口促进政策显著提高了汽车制造业行业的机器人使用规模（陈昊等，2021）。而在本章样本期内，汽车制造业的机器人安装量占制造业部门机器人安装总量的比重相当大且呈逐年上涨趋势，已从 2006 年的 3.23% 上升至 2016 年的 20.47%。为此，本章移除汽车制造业后重新构建城市工业智能化指标。

回归结果显示，在进行上述稳健性检验后城市工业智能化的估计系数依然显著为正，说明工业智能化显著促进城市出口扩张的研究结论具有较好的稳健性。

表 3-4　稳健性检验

	（1）	（2）	（3）	（4）
lnrobots	0.251*** （0.084）			
lnrobotsop		0.244** （0.117）		
lnrobotslag			0.172** （0.085）	
lnrobotsexauo				0.146** （0.069）
城市特征变量	是	是	是	是
固定效应	是	是	是	是
样本量	2,970	2,815,468	2,589,485	2,815,468
R^2	0.958	0.340	0.343	0.340

注：列（1）中固定效应为城市固定效应和时间固定效应，其余均控制了城市固定效应、产品固定效应以及时间固定效应。

三、异质性分析

1. 基于不同贸易方式

企业可能因贸易方式的差异选择不同的生产模式和产出规模，进而使得人工智能对同一地区采取不同贸易方式的企业出口规模产生差异性影响。为检验这一点，本书基于模型（2）利用城市工业机器人使用密度分别对一般贸易和加工贸易出口规模进行回归，估计结果如表 3-5 Panel A 和 Panel B 中的列（1）和列（2）所示。Panel A 中城市 – 产品层面加工贸易（一般贸易）出口额是指某一城市某一 HS6 位码产品中采用加工贸易（一般贸易）方式出口的产品金额的对数值，Panel B 中城市层面加工贸易（一般贸易）出口额是指某一城市加工贸易（一般贸易）出口额的对数值。结果显示，城市工业智能化对城市内加工贸易出口和一般贸易出口均具有显著的促进作用，但对加工贸易的出口扩张效应更大。以 Panel A 中的列（1）和列（2）为例，每万人工业机器人使用台数上升 1 个百分点，会使得城市内加工贸易产品出口额提高 0.46%，一般贸易出口额提高 0.07%。

表 3-5　工业智能化与中国城市出口贸易方式结构

	（1）	（2）	（3）	（4）
	加工贸易出口额	一般贸易出口额	加工贸易出口占比	一般贸易出口占比
Panel A. 城市 – 产品层面				
ln*robots*	0.460*** （0.120）	0.073* （0.038）	0.041* （0.024）	−0.049*** （0.011）
城市特征变量	是	是	是	是
固定效应	是	是	是	是
样本量	838,938	2,573,765	838,938	2,573,765
R^2	0.351	0.331	0.374	0.198
Panel B. 城市层面				
ln*robots*	0.577*** （0.171）	0.096* （0.047）	0.070*** （0.019）	−0.077*** （0.019）
城市特征变量	是	是	是	是
固定效应	是	是	是	是
样本量	2,802	2,970	2,802	2,970
R^2	0.865	0.944	0.717	0.784

注：Panel A 的被解释变量为城市 – 产品层面相关指标，固定效应包括城市固定效应、产品固定效应以及时间固定效应；Panel B 的被解释变量为城市层面相关指标，固定效应包括城市固定效应和时间固定效应。

进一步地，为了考察工业智能化对出口贸易方式结构的影响，本章分别以加工贸易出口占比和一般贸易出口占比作为被解释变量重新进行估计，Panel A 中城市 – 产品层面加工贸易（一般贸易）占比是指某一城市某一 HS6 位码产品中采取加工贸易（一般贸易）方式的出口额占该城市该 HS6 位码产品出口总额的比重，Panel B 中城市层面加工贸易（一般贸易）占比是指某一城市中采取加工贸易（一般贸易）方式的出口额占该城市出口总额的比重。结果表明，工业智能化会导致加工贸易出口占比上升、一般贸易出口占比下降，即工业智能化会促使出口贸易方式由一般贸易向加工贸易转变。其中的原因可能在于，短期内工业智能化所带来的影响主要体现为对低技能劳动力的替代（Acemoglu 和 Restrepo，2020a），而加工贸易企业相比于一般贸易企业对低技能工人的依赖程度更大，因此更容易对加工贸易企业的劳动力产生替代效应，导致工业智能化对加工贸易出口规模的促进作用更为明显。因此，在人工智能普及应用过程中，工业智能化对贸易方式由加工贸易向一般贸易转型升级的作用有待激发。

2. 基于不同产品技术水平

工业智能化能够帮助企业实现人工生产无法达到的产品精度和科技含量，进而可能推动出口产品技术结构优化。参照 Lall 和 Sanjaya（2000）的分类标准，将产品划分为初级产品、资源型工业制成品、低技术工业制成品、中等技术工业制成品以及高技术工业制成品五类，并进行分样本回归。表 3–6 Panel A 报告了以城市 – 产品层面出口额作为被解释变量的分样本估计结果。结果显示，工业智能化对初级产品和资源型工业制成品出口没有显著影响，对低技术、中等技术和高技术工业制成品出口具有显著的促进作用，其中对高技术产品的出口促进效应最大。此外，我们还从城市层面考察了工业智能化对不同产品出口规模的影响，被解释变量为城市某一类产品出口额的对数值，Panel B 的估计结果与

Panel A 基本一致。

表 3-6　不同技术水平产品出口的回归结果

	（1）	（2）	（3）	（4）	（5）
	初级产品	资源型工业制成品	低技术工业制成品	中等技术工业制成品	高技术工业制成品
Panel A. 城市－产品层面					
lnrobots	−0.016 （0.087）	0.112 （0.077）	0.180** （0.075）	0.129** （0.056）	0.304*** （0.086）
城市特征变量	是	是	是	是	是
固定效应	是	是	是	是	是
样本量	144,210	433,144	1,128,387	837,291	249,495
R^2	0.290	0.275	0.399	0.343	0.413
Panel B. 城市层面					
lnrobots	−0.042 （0.151）	0.270 （0.204）	0.274** （0.123）	0.281* （0.147）	0.473** （0.199）
城市特征变量	是	是	是	是	是
固定效应	是	是	是	是	是
样本量	2,943	2,882	2,934	2,948	2,968
R^2	0.880	0.900	0.904	0.926	0.914

注：Panel A 的被解释变量为城市－产品层面出口额，固定效应包括城市固定效应、产品固定效应以及时间固定效应；Panel B 的被解释变量为城市层面不同产品的出口额，固定效应包括城市固定效应和时间固定效应。

我们进一步从城市层面考察工业智能化对出口产品结构的影响，被解释变量为城市某一类产品出口额占该城市出口总额的比重，估计结果如表 3-7 所示。结果显示，工业智能化显著降低了初级产品和资源型工业制成品的出口占比，显著提高了低技术工业制成品和高技术工业制成品的出口占比，其中对高技术产品出口占比的正向影响最大，这意味着工业智能化有利于出口产品技术结构优化。

表 3-7　工业智能化与中国城市出口产品结构

城市层面	（1） 初级产品出口占比	（2） 资源型工业制成品出口占比	（3） 低技术工业制成品出口占比	（4） 中等技术工业制成品出口占比	（5） 高技术工业制成品出口占比
lnrobots	−0.042** （0.020）	−0.030* （0.017）	0.020* （0.010）	0.006 （0.017）	0.053** （0.025）
城市特征变量	是	是	是	是	是
固定效应	是	是	是	是	是
样本量	2,943	2,968	2,934	2,948	2,882
R^2	0.730	0.701	0.769	0.695	0.777

注：被解释变量为城市层面不同产品出口额占出口总额的比重，固定效应包括城市固定效应和时间固定效应。

3. 基于不同出口市场经济发展水平

由于不同国家对进口产品质量、价格、科技含量等方面的要求存在明显差异，发达国家对产品质量的要求普遍较高，因此可能导致工业智能化对出口规模的影响在不同出口市场上存在异质性。本章从城市－产品层面和城市层面分别考察了工业智能化对 OECD 国家和非 OECD 国家出口规模的影响，其中城市－产品层面的被解释变量为某一城市某一HS6 位码产品出口到 OECD 国家（非 OECD 国家）的产品金额的对数值，城市层面的被解释变量为某一城市出口到 OECD 国家（非 OECD 国家）的产品金额的对数值。表 3-8 中 Panel A 和 Panel B 中的列（1）和列（2）报告了工业机器人应用对不同市场出口规模的估计结果。从结果来看，工业智能化同时推动了产品向 OECD 国家和非 OECD 国家出口。以 Panel A 的估计系数为例，工业智能化水平每提高1%，产品出口到 OECD 国家的规模将上升0.14%，出口到非 OECD 国家的规模将上升0.20%。换言之，工业智能化对产品出口到非 OECD 国家的促进效应更大。

表 3-8　工业智能化与中国城市出口市场结构

	（1）	（2）	（3）	（4）
	OECD 国家	非 OECD 国家	OECD 国家出口占比	非 OECD 国家出口占比
Panel A. 城市 – 产品层面				
lnrobots	0.140** （0.065）	0.195** （0.076）	–0.007 （0.012）	–0.006 （0.011）
城市特征变量	是	是	是	是
固定效应	是	是	是	是
样本量	1,997,899	2,322,017	1,998,214	2,322,156
R^2	0.314	0.310	0.159	0.249
Panel B. 城市层面				
lnrobots	0.179* （0.104）	0.269*** （0.099）	–0.009 （0.018）	0.009 （0.018）
城市特征变量	是	是	是	是
固定效应	是	是	是	是
样本量	2,968	2,970	2,968	2,970
R^2	0.913	0.927	0.466	0.468

注：Panel A 的被解释变量为城市 – 产品层面相关指标，固定效应包括城市固定效应、产品固定效应以及时间固定效应；Panel B 的被解释变量为城市层面相关指标，固定效应包括城市固定效应和时间固定效应。

出口市场结构一直是国际贸易领域关注的核心议题。出口市场过于集中会导致中国出口贸易存在被主要目的国左右的风险，进而产生一连串恶性连锁反应。中国"第八个五年计划"正式提出市场多元化战略；"十四五"规划纲要中进一步提出要优化国际市场布局，引导企业深耕传统出口市场、拓展新兴市场。本章的基准回归结果显示，工业智能化对出口目的地数量没有显著的影响。在此基础上，我们分别以城市 – 产品层面和城市层面出口到 OECD 国家（非 OECD 国家）的占比作为被解释变量，进一步分析人工智能对出口市场结构的影响。结果表明，工业智能化对不同市场的出口占比没有显著影响，这意味着其对出口市场结构调整不存在明显影响。

第四节　作用机制检验与拓展分析：基于要素流动视角

一、劳动力流动机制

中国自改革开放尤其是加入 WTO 以来，劳动力要素在对外贸易快速发展的过程中扮演了重要角色。本章在理论部分提出工业智能化通过吸引高技能劳动力流入、促进低技能劳动力流出提升了城市人力资本水平，进而推动城市出口扩张。在这里，我们借助 2012、2014 和 2016 年中国劳动力动态调查数据，对这一影响机制进行检验。首先，本章依据受教育程度将流动人口区分为高技能劳动力和低技能劳动力，采用条件 Logit 模型考察城市工业智能化对不同技能流动人口就业的影响。借鉴以往与移民选址有关的文献，本章构建的回归模型如下：

$$migrant_{cit} = \alpha_0 + \alpha_1 \ln robots_{it} + \gamma X_{it} + \varepsilon_{cit} \qquad (3-7)$$

其中，c 表示移民个体，i 表示就业城市，t 表示年份。$migrant$ 为二元虚拟变量，当流动人口 c 在城市 i 工作时取值为 1，否则取值为 0。换言之，中国劳动力动态调查数据中所有样本城市均为流动人口的就业备选城市，故实际可观测样本为流动人口数与备选城市数的乘积，而流动人口 c 在所有备选城市中选择城市 i 就业的概率为：

$$\Pr(migrant_{cit} = 1) = \frac{\exp(\alpha_0 + \alpha_1 \ln robots_{it} + \gamma X_{it} + \varepsilon_{cit})}{\sum_{c=1}^{C} \exp(\alpha_0 + \alpha_1 \ln robots_{it} + \gamma X_{it} + \varepsilon_{cit})} \qquad (3-8)$$

由表 3-9 列（1）和列（2）可知，城市工业智能化对高技能劳动力流入具有显著的正向影响，对低技能劳动力存在挤出效应，但不显著。进一步从 16—64 岁适龄劳动力群体中大专及以上学历占比和平均受教育年限两个维度来分析工业智能化对城市劳动力技能结构的影响，结果如表 3-9 列（3）和列（4）所示。从结果来看，城市工业智能化程度每增加一个百分点，当地 16—64 岁适龄劳动力群体大专及以上学历占比增加约 0.06%，平均受教育年限提高约 0.14%。总体而言，城市工业智能化通过吸引高技能劳动力流入改善了当地劳动力技能结构，从而促进城市出口规模扩大，假说 3.1 成立。

表 3-9　工业智能化对劳动力流动的影响

	（1）	（2）	（3）	（4）
	高技能劳动力	低技能劳动力	大专及以上学历占比	平均受教育年限
ln*robots*	0.163*** （0.017）	−0.113 （0.151）	0.060* （0.035）	0.137** （0.064）
城市特征变量	是	是	是	是
固定效应	否	否	是	是
样本量	31,800	162,339	312	312
Pseudo R^2	0.079	0.067	0.910	0.875

注：固定效应包括城市固定效应和时间固定效应。

为了进一步考察工业智能化引致的不同贸易方式出口影响差异与劳动力流动之间的关系，本章采用 2006 年和 2014—2016 年中国海关数据和国泰安数据库中的沪深 A 股上市公司数据分别考察工业智能化对不同企业技能劳动力需求的影响。本章依次根据企业名称、法定代表人、邮政编码和后七位电话号码将中国海关数据和上市公司数据进行递进匹配，并识别出仅从事一般贸易的出口企业、仅从事加工贸易的出口企业以及同时从事一般贸易、加工贸易或其他贸易的出口企业，即纯一般贸易企业、纯加工贸易企业和混合贸易企业三类。然后，本章以企业大专及以上学历的员工人数的对数值和大专以下学历的员工人数的对数值作为被解释变量，以企业所在城市的工业机器人使用密度作为核心解释变量，其他解释变量与基准回归模型（1）相同，并借鉴许家云（2022）的做法将纯一般贸易企业作为基准组进行回归，结果如表 3-10 所示。

表 3-10 中列（1）和列（2）结果显示，三类企业的高技能劳动力需求均会因工业智能化而显著增加，其中工业智能化对加工贸易企业高技能劳动力就业规模的促进作用最大。列（3）和列（4）结果表明，工

业智能化显著降低了加工贸易企业和混合贸易企业的低技能劳动力就业水平，其中加工贸易企业的工业智能化对低技能劳动力的替代效应更为明显。可能的原因是，工业机器人主要替代了从事重复性、常规性工作的低技能劳动力，相较于一般贸易企业和混合贸易企业，加工贸易企业在采用机器人后所产生的低技能劳动力替代效应更强。同时，由于加工贸易企业的员工技能水平相对较低，出于技能和技术的互补性，加工贸易企业工业智能化水平的提升会使得其对高技能劳动力的需求相对更大，进而导致高技能劳动力更多地流入加工贸易企业，促使加工贸易企业出口增长相对更快。

表3-10 工业智能化对企业劳动力需求的影响

	（1）	（2）	（3）	（4）
	高技能劳动力		低技能劳动力	
$\ln robots$	0.200* （0.116）	0.022* （0.012）	−0.004* （0.002）	0.089 （0.056）
$\ln robots*processtrade$		0.099** （0.048）		−0.374* （0.206）
$\ln robots*mixedtrade$		0.036* （0.020）		−0.091* （0.055）
城市特征变量	是	是	是	是
固定效应	是	是	是	是
样本量	2,460	2,460	2,460	2,460
R^2	0.906	0.906	0.892	0.892

注：固定效应包括城市固定效应、企业固定效应和时间固定效应。

二、资本转移机制

通常来讲，国际贸易活动中企业是参与主体，推动企业跨区域转移是实现出口扩张最为直接的途径。为了考察城市工业智能化对资本转移的影响，本章构建如下回归模型：

$$capital_{it} = \alpha_0 + \alpha_1 \ln robots_{it} + \gamma X_{it} + \mu_i + \mu_t + \varepsilon_{it} \quad （3-9）$$

其中，被解释变量 $capital_{it}$ 表示 t 年城市 i 的资本转移情况，分别采用各城市新建工业企业数量、工业企业数量份额和工业产值份额衡量。城市新建工业企业数量为城市当年规模以上工业企业数量减去上一年度规模以上工业企业数量，城市工业企业份额是指城市规模以上工业企业数量与当年中国工业企业总数的比值，城市工业产值份额是指城市规模以上工业企业产值占当年中国规模以上工业总产值的比重，以上数据来自 EPS 数据平台。城市工业智能化对当地新建工业企业数量的影响体现的是人工智能带来的资本创造效应，而工业企业数量份额和产值份额反映了资本要素在城市间的相对转移，故城市工业智能化对工业企业数量份额和产值份额的影响衡量的是人工智能带来的资本转移效应。由表 3-11 可知，城市工业智能化水平的提高显著增加了当地新增工业企业数量，同时吸引了工业资本向其转移，推动制造业集聚，从而促进城市出口扩张，假说 3.2 成立。

表 3-11　工业智能化对资本转移的影响

	（1）	（2）	（3）
	新建企业数量	制造业企业数目份额	工业产值份额
$lnrobots$	0.102*** （0.030）	0.015*** （0.005）	0.008** （0.003）
城市特征变量	是	是	是
固定效应	是	是	是
样本量	2,970	2,970	2,970
R^2	0.242	0.873	0.761

注：固定效应包括城市固定效应和时间固定效应。

三、工业智能化的空间外部性

前文研究发现城市工业智能化通过吸引高技能劳动力和资本流入促进了当地出口增长。基于新经济地理理论，由于城市间生产要素以及产品生产和流通的关联性，人工智能所产生的经济效应可能不仅限于当地内部，还可能对邻近城市造成影响，存在空间溢出效应。具体而言，城市工业智能化引致的要素流入增多可能会加剧邻近城市资源流失，进而导致邻近城市产出降低、出口规模下降。因此，当人工智能通过影响生产要素流动间接作用于区域出口规模时，城市工业智能化在促进本地出口扩张的同时可能会减少邻近城市出口，产生虹吸效应，进而导致人工智能对中国总体出口的影响不确定。鉴于此，本章采用空间杜宾模型（SDM 模型）进一步讨论了工业智能化对出口规模的影响，具体计量方程设定如下：

$$\ln expv_{it} = \rho \sum_{j=1}^{N} w_{ij} \ln expv_{it} + X_{it}'\beta + \theta \sum_{j=1}^{N} w_{ij} X_{it} + \mu_i + \mu_t + \varepsilon_{it} \qquad (3-10)$$

其中，w_{ij} 为空间权重矩阵的元素，$\rho \sum_{j=1}^{N} w_{ij}$ 为城市出口额空间滞后项，X 为解释变量集合，包括核心解释变量城市工业机器人使用密度和控制变量，θ 为解释变量空间滞后项的回归系数，μ_i 表示城市固定效应，μ_t 表示时间固定效应，其余变量的含义与公式（3-6）相同。本部分在城市层面进行研究。

本章主要采用地理邻接矩阵和逆地理距离矩阵作为空间权重，并计算了各年份城市出口规模和工业机器人使用密度的全局莫兰指数（Moran's I），以检验是否存在空间相关性，结果如表 3-12 所示。可以看出，无论采用何种空间权重矩阵，2006—2016 年城市出口额和工业机器人使用密度的全局莫兰指数基本均显著为正，说明城市产品出口和工业智能化存在明显的正向空间相关性。因此，本章应该选择空间计量模型进行实证分析。

表 3-12 城市出口规模和工业智能化程度的全局莫兰指数

年份	出口额		工业智能化程度	
	地理邻接矩阵	逆地理距离矩阵	地理邻接矩阵	逆地理距离矩阵
2006	0.408*** （7.553）	0.238*** （7.718）	0.319*** （5.929）	0.056* （1.937）
2007	0.402*** （7.447）	0.236*** （7.640）	0.324*** （6.029）	0.056* （1.942）
2008	0.407*** （7.544）	0.232*** （7.524）	0.325*** （6.040）	0.060** （2.067）
2009	0.431*** （7.987）	0.199*** （6.457）	0.309*** （5.763）	0.043 （1.533）

（续表）

年份	出口额		工业智能化程度	
	地理邻接矩阵	逆地理距离矩阵	地理邻接矩阵	逆地理距离矩阵
2010	0.412*** （7.635）	0.208*** （6.757）	0.297*** （5.543）	0.061** （2.085）
2011	0.412*** （7.643）	0.216*** （7.005）	0.297*** （5.537）	0.060** （2.051）
2012	0.415*** （7.698）	0.203*** （6.599）	0.312*** （5.814）	0.058** （1.996）
2013	0.391*** （7.259）	0.191*** （6.224）	0.302*** （5.638）	0.058** （1.984）
2014	0.391*** （7.241）	0.198*** （6.438）	0.321*** （5.979）	0.067** （2.285）
2015	0.401*** （7.429）	0.202*** （6.570）	0.307*** （5.722）	0.073** （2.477）
2016	0.442*** （8.192）	0.210*** （6.821）	0.327*** （6.079）	0.054* （1.856）

本章进行拉格朗日乘数检验，以确定模型的具体形式。表3-13的LM检验结果显示，无论采用何种空间权重矩阵，LM-lag、LM-error、Robust LM-lag和Robust LM-error均显著，说明被解释变量和残差项存在空间自相关，但无法确定模型形式。接下来，利用SDM模型对公式（3-6）进行估计并根据估计结果进行Wald统计检验。检验结果显示，Wald统计量均显著，拒绝了原假设，因此应该使用SDM模型。最后，SDM模型的Hausman检验结果显示，回归应该使用固定效应模型。

表3-13　空间计量模型甄别检验

	LM-lag	LM-error	Robust LM-lag	Robust LM-error	Wald test spatial lag	Wald test spatial error	Hauman
地理邻接矩阵	123.509*** （0.000）	569.472*** （0.000）	4.946** （0.026）	450.910*** （0.000）	27.55*** （0.000）	19.15*** （0.003）	700.59*** （0.000）
逆地理距离矩阵	4.564** （0.033）	24.945*** （0.000）	14.490*** （0.000）	34.871*** （0.000）	28.66*** （0.000）	28.64*** （0.000）	27.34*** （0.000）

注：括号内为p值。

表 3-14 列示了分别采用地理邻接矩阵和逆地理距离矩阵的 SDM 固定效应模型估计结果。结果表明，城市工业智能化显著促进了当地出口增长，与基准估计结果一致。但城市工业智能化空间滞后项的系数均显著为负，表明邻近城市工业智能化的大规模使用将抑制该城市出口增长，验证了虹吸效应的存在。此外，城市出口规模的空间滞后项显著为正，意味着邻近城市的出口扩张对本地出口具有显著的促进作用。

表 3-14　工业智能化影响中国城市出口规模的空间溢出效应

	（1） 地理邻接矩阵	（2） 逆地理距离矩阵	（3） 地理邻接矩阵	（4） 逆地理距离矩阵
lnrobots	0.195*** （0.049）	0.189*** （0.049）	0.215*** （0.050）	0.175*** （0.049）
W×lnrobots	−0.001* （0.000）	−0.119* （0.066）	−0.001* （0.000）	−1.125** （0.473）
W×lnexpy	0.303*** （0.001）	0.067* （0.039）	0.304*** （0.001）	0.071* （0.040）
控制变量	否	否	是	是
固定效应	是	是	是	是
样本量	2,970	2,970	2,970	2,970
log-likelihood	−1496.820	−1050.695	−1476.472	−990.974

注：括号内为标准误；固定效应包括时间固定效应和城市固定效应。

为了更直观地分析城市工业智能化对区域出口的影响，本书在表 3-15 进一步报告了通过求偏导数计算出的包括控制变量在内的 SDM 模型中城市工业智能化的直接效应和间接效应。从结果来看，城市工业智能化的直接效应和间接效应均在 1% 水平上显著。以列（1）为例，城市工业智能化的直接效应为 0.158，而表 3-14 列（3）中城市工业智能化的估计系数为 0.215，大于直接效应，反映了本地工业智能化水平提高导致的邻近城市出口减少将反过来抑制本地出口，存在负向空间反馈效应，约占直接效应的 36.07%。另一方面，城市工业智能化的间接效应为 −0.096，符号与表 3-14 中机器人空间滞后项的估计系数一致，说明城市工业智能化的确会降低邻近城市的出口规模，存在负向的虹吸效应。由于直接效应大于间接效应，城市工业智能化的总效应为 0.062，在 1% 水平上显著为正，意味着尽管工业智能化在增加本地出口的同时降低了周边城市的出口，但工业智能化仍然显著推动了中国总体出口增长。

表 3-15　工业智能化影响中国城市出口规模的空间效应分解

	（1） 地理邻接矩阵	（2） 逆地理距离矩阵
直接效应	0.158*** （0.051）	0.177*** （0.050）
间接效应	−0.096*** （0.027）	−0.064*** （0.018）
总效应	0.062*** （0.026）	0.113* （0.060）

注：括号内为标准误。

第五节　本章小结

大力发展以工业机器人为代表的战略性新兴产业是新时期中国加快培育竞争优势的重要举措。本章采用 2006—2016 年中国海关数据和国际机器人联盟数据实证检验了工业智能化对中国出口行为的影响，并分析了机器人应用的空间重组效应，旨在为化解当前我国出口增长困境和人工智能的进一步推广与应用提供理论指导。研究发现：（1）工业智能化显著促进了城市出口增长，工业机器人使用密度上升 1 个百分点，城市内产品出口额将上升 0.17%。而工业智能化带来的产品出口增长主要表现在数量边际，对价格边际和扩展边际没有显著影响。（2）从生产要素流动视角来看，工业智能化通过吸引高技能劳动力流入和促进资本转移间接作用于城市出口增长。（3）工业智能化在促进加工贸易和一般贸易出口增长的同时，推动我国贸易方式逐渐向加工贸易转变，在贸易方式转型升级方面的作用有待激发。在出口产品结构调整方面，工业智能化对技术类工业制成品的出口均具有显著的促进作用，并通过大幅度提升高技术产品出口份额实现出口产品技术结构优化。此外，在本章样本期内工业智能化对出口市场结构调整的影响效应尚未显现。（4）考虑到城市间生产要素的关联性，城市工业智能化在促进本地出口增长的同时，抑制了周边城市的出口扩张，存在虹吸效应，但总体上工业智能化显著推动了中国出口增长。

本章研究结论从出口扩张的角度为我国实施人工智能战略取得的政策成效提供经验支持，也基于空间重组效应为分析工业智能化带来的影响提供了新的研究视角，同时提醒政策制定在加快发展智能制造的同时注重其对贸易结构调整的影响，避免中国出口被低端化。

第四章　工业智能化与中国企业出口产品多元化

第一节　理论分析与研究假说

提高产品多元化水平并非易事，而智能化时代的到来为解决这一问题开辟了新思路。进入后金融危机时期，发达国家和发展中国家均以智能制造技术作为复兴和发展制造业的重要手段。无论是美国的"先进制造业伙伴（AMP）计划"、德国的"工业4.0战略"，还是"中国制造2025计划"，都将智能制造放在战略性的核心位置，工业机器人使用成为当前实现工业智能化的主要表现形式。结合已有研究，工业智能化可能会通过以下四条渠道影响企业出口产品多元化水平。

第一，工业智能化对企业出口产品多元化最直接的影响渠道是企业生产率。作为工业智能化的主要表现形式，工业机器人在生产率提升方面的作用已被国内外研究广泛提及（Graetz和Michaels，2018；李磊等，2021）。一方面，工业机器人在企业生产过程中的某些特定环节替代劳动力执行重复性和低技术含量的工作，提高了生产性任务的准确性和精度，从而达到提升生产效率的目的（Acemoglu和Restrepo，2019）；另一方面，工业机器人作为资本投入的形式之一，不仅能形成当期的生产优势，还能促进资本的长期积累，深化技术进步，提高原有自动化生产任务中的机器生产率，推动生产率在较长时期内的增长（Acemoglu和Restrepo，

2018b；周洺竹等，2022）。工业智能化带来的生产率提高可能会进一步通过以下两个途径影响企业出口产品多元化水平：首先，生产率的提高使得企业生产的每种产品的盈利增多，企业出于对高额利润的追求会扩大产品范围；其次，生产率越高的企业往往拥有越高效的分销网络，使得企业更有动力生产和销售更多种类的产品（Feenstra 和 Ma，2007），以达到扩大市场份额的目的。

第二，工业智能化使得企业具备通过投入固定成本获取降低生产边际成本的可能性，从而影响企业出口产品种类。工业智能化对企业生产成本的影响在于购置成本、生产经营成本和劳动力成本。具体而言，机器人属于物质资本投资，购入后在给企业带来高额固定成本的同时，还将逐年发生折旧以及设备维护成本，使得企业生产成本增加。而从边际成本角度看，在一些机器人相对于人力更具有比较优势的岗位上实现机器人对人的替代，将会直接削减企业劳动力成本（Bonfiglioli 等，2020）。此外，智能制造技术的应用有助于企业动态调整生产决策，减少非增值活动，提高供应链管理效率，有效降低企业的生产经营成本（Agrawal等，2018）。因此，工业智能化对企业成本的作用效果取决于上述效应的综合影响，但是无论哪种效应占主导，都会带来企业生产成本的变化。而生产成本是影响企业产品范围的重要因素之一，当生产成本增加时企业会通过提高产品价格转嫁成本以保障企业价格加成，而产品价格的上升会削弱企业出口产品价格竞争力，进而影响企业出口产品种类（Egger和 Kreickemeier，2009）。

第三，工业智能化有利于提高企业市场份额，从而影响企业出口产品多元化水平。工业智能化对企业市场份额的影响已经被大量的理论和实证文献所证实：技术进步引致的市场规模效应是企业进行技术变革的关键原因（Acemoglu，2002），自动化技术代替人工进行生产，有效降低了企业生产过程中的可变成本，使得企业以相对较低市场价格将产品销售给消费者，从而扩大自身的市场份额（Acemoglu 等，2020）。与此同时，企业并未将自动化生产带来的收益全部转化为同等程度的价格下降（Bonfiglioli 等，2020），而是将部分收益用来培育企业技术优势，进一步巩固其行业主导地位（Autor 等，2020）。除了生产率以外，企业出口产品种类还受到企业市场竞争程度的影响。例如，Mayer 等（2014）研究发现当企业所面临的市场竞争程度加剧时，企业会更倾向于生产核心产品来应对竞争压力，此时出口产品范围会随着企业生产率的提升而缩小。Feenstra 和 Ma（2007）构建了一个多产品企业垄断竞争模型，企业通过平衡新产品带来的净利润和"自身蚕食效应"来选择最佳的产品范围。易靖韬和蒙双（2017）以中国工业企业为研究对象，基于理论和实证研究发现企业市场份额与出口产品种类数目呈倒 U 型关系，企业市场份额约为 0.73 时达到了相应的拐点。当企业市场份额较小时，由于企业新老产品间的蚕食效应还不明显，产品种类的增加会带来企业净收益增加，企业为获得更高的收益会扩大其产品范围，而伴随着企业市场规模的增大和产品范围的拓展，企业增加一类产品所带来的净收益无法抵消因新产品引入产生的挤压效应导致的原有产品收益减少，此时市场规模扩大会导致企业缩小产品范围。考虑到工业智能化虽然有助于提高企业市场份额，但提升效果有限，可能无法达到拐点。

第四，工业智能化会提高中间投入品质量，从而促进企业出口产品多元化水平提升。作为新型生产要素，智能制造设备通常比非自动化机器需要更高质量的投入与之配套（Destefano 等，2019），其中既包括优质的人力资本，也包括高质量的中间品。以焊接机器人为例，机器人在高温环境下长时间运行要求制造商使用耐高温、性能好的中间投入品，以避免工艺故障和不必要的维护，确保生产高效准确。由于国内和国外中间品的不完全替代性且国外中间品的质量水平和技术含量更高，在预算约束下企业在实现智能制造后会相应地扩大中间品进口规模以满足中间品高质量要求。Marí 等（2020）研究发现企业在使用机器人后进口概率和进口规模显著提高，同时促进了其从 OECD 国家进口产品。通常情况下，来自 OECD 国家的进口中间品质量往往更高（汪建新等，2015）。高质量中间品进口增加，对于提高企业出口产品多元化水平具有显著的促进作用。一方面，中间品投入增加能够丰富企业可用要素种类，多种类的中间品组合能够降低投入价格、节约生产成本，从而对企业出口产品多元化产生积极影响（Aleksandra 和 Massimo，2008）。另一方面，中间品进口具有显著的技术溢出效应，国内企业通过吸收和模仿中间品内嵌的先进技术进一步提升了自身的研发创新能力（Colantone 和 Crino，2014），进而促进企业产出多样化。

据此，本章提出如下假说。

假说 4.1：出口企业实施智能化生产后会通过提高企业生产率，促进企业出口产品多元化。

假说 4.2：工业智能化可以通过生产成本渠道影响企业出口产品多元化。

假说 4.3：工业智能化会通过提高企业市场份额，影响企业出口产品多元化水平。

假说 4.4：工业智能化能够促进企业中间品进口扩张，进而提升企业出口产品多元化水平。

第二节　实证研究设计

一、数据说明

本章采用 2000—2013 年中国制造业企业样本，从微观层面考察了工业智能化对中国企业出口产品多元化的影响，主要数据为中国工业企业数据库和中国海关数据库。我们借鉴 Brandt 等（2012）处理中国工业企业数据：第一，将 2000—2013 年行业代码统一至 2002 年国民经济行业分类 4 位码层面（CIC-4 位码）；第二，依次采用企业代码、企业名称、邮政编码、电话号码、行业代码等特征变量进行交叉匹配构建本章的非平衡面板数据；第三，将关键财务指标缺失、从业人员小于8人、总资产小于固定资产、总资产小于流动资产、累计折旧小于当年折旧以及企业开业月份不合理的样本删除。为了从全球层面考察工业智能化对企业出口产品多元化的影响，本章将中国海关数据按年份加总到企业层面，参照田巍和余淼杰（2014）的"两步法"将处理好的中国工业企业数据与中国海关数据进行匹配，最终得到本章的基准数据。本章所使用的各类平减指数来源于EPS数据平台。

二、核心指标构建

1. 企业出口产品多元化

为了体现产品种类数量的扩张或收缩，本章采用企业出口的HS8位码产品种类数量（$variety$）作为企业出口产品多元化的代理指标，以此来探究工业智能化对企业出口产品广度多元化的影响。此外，本章还基于赫芬达尔指数的思路构建企业出口产品多元化指数（div）作为被解释变量，反映出企业已有产品相对份额的分散化或集中化，具体构建公式如下：

$$div_{it} = 1 - \sum_{h \in \Omega_{it}} \left[\frac{epxp_{iht}}{\sum_{h \in \Omega_{it}} epxp_{iht}} \right]^2 \tag{4-1}$$

其中，i表示企业，h表示HS8位码产品，t表示年份。Ω_{it}表示t年企业i出口的HS8位码产品集合，$epxp_{iht}$表示t年企业i的HS8位码产品h的出口金额，因此$\frac{epxp_{iht}}{\sum_{h \in \Omega_{it}} epxp_{iht}}$表示$t$年企业$i$的HS8位码产品$h$的出口相对份额。企业出口产品多元化指数越高，企业出口产品越为分散，反之则表明企业出口越集中在少数产品间。

2. 工业智能化

本章借鉴已有研究，采用工业机器人数据来刻画工业智能化水平，借助中国海关数据库中企业工业机器人进口数据来度量企业机器人使用情况，选择该代理变量主要出于以下几点考虑。第一，国际机器人联盟（IFR）提供的机器人数据为国家 - 行业层面的工业机器人年保有量和年安装量，企业层面机器人应用信息不可得，因此无法进行本章研究。第二，2013 年以前中国国内绝大多数机器人依赖于进口。根据中国机器人产业联盟的数据显示，2011 年，以 ABB、库卡、安川电机、发那科四大家族为代表的国外机器人企业占据中国机器人市场 90% 以上的市场份额，中国本土品牌机器人市场占有率仅为 8% 左右。此外，中国生产的工业机器人主要以中低端产品为主，而其中包括减速器、控制器、伺服电机在内的近九成核心零部件仍然依靠进口。第三，在 2013 年之前中国工业机器人出口贸易相对较少，2011 年出口机器人数量为 4,536台，其中还包括加工贸易的 3,365 台，2012 年出口 4,223 台，2013 年出口 5,880 台，因此本章采用 2000—2013 年从进口工业机器人的角度估计工业智能化对中国企业出口产品多元化的影响，基本可以排除国产机器人所带来的干扰。第四，以 Acemoglu 和 Restrepo（2018e）、Fan等（2021）、李磊等（2021）为代表的学者借助该指标来间接衡量企业工业机器人使用情况。具体而言，在 HS8 位码体系中机器人主要包括84248920（喷涂机器人）、84289040（搬运机器人）、84795010（多功能工业机器人）、84795090（其他工业机器人）、84864031（集成电路工厂专用的自动搬运机器人）、85152120（电阻焊接机器人）、85153120〔电弧（包括等离子弧）焊接机器人〕、85158010（激光焊接机器人）。

本章使用 2000—2013 年中国海关数据，根据机器人的 HS8 位码信息，识别出进口工业机器人的企业。图 4-1 报告了 2000—2013 年中国进口机器人企业累计数量以及机器人当年进口数量的变化趋势。如图所示，2000—2013 年间中国进口机器人的企业数量不断上升，2013 年累计有 9,148 家企业进口过工业机器人，与此同时机器人进口数量同样逐年增加，2009 年受金融危机影响有小幅度下降，但随后快速增长，2010

年进口数量从 2009 年的 10,167 台上升至 23,278 台，2013 年进口机器人数量更是高达 39,894 台。

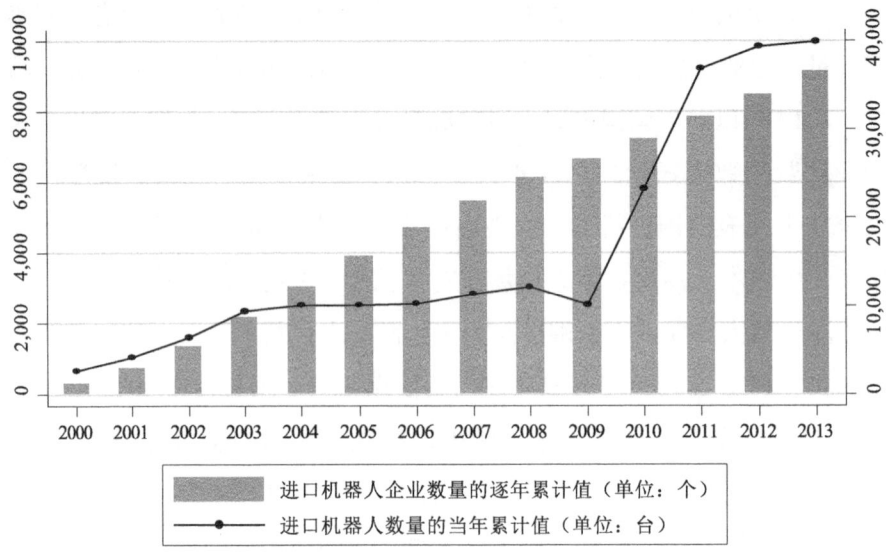

图 4-1　2000—2013 年中国进口机器人企业数量和进口规模的变化趋势

数据来源：中国海关数据库。

三、计量模型设定

1. 回归方程设定

现有文献发现企业是否使用机器人的行为并不是随机的，这一决策可能是内生的，规模越大、生产率越高的企业，越倾向于使用机器人（Benmelech 和 Zator，2022；Bonfiglioli 等，2020；Koch 等，2019）。鉴于此，为了更加精确地识别出工业智能化与企业出口产品多元化之间的因果关系，同时考虑到机器人与普通资本品之间的区别，本章采用"PSM+DID"，将企业进口工业机器人视为拟自然实验，实证检验了工业智能化对企业出口产品多元化影响的因果效应。具体的研究思路为：将首次进口工业机器人的企业视为处理组，将从未进口过工业机器人但进口普通资本品的企业视为控制组，比较进口工业机器人前后两组企业的出口产品多元化差异。

首先，本章工业企业样本中处理组为进口过工业机器人的企业，在计算出处理组企业出口产品多元化指标的基础上，将企业相关特征变量作为匹配协变量，借助倾向得分匹配法（PSM）选取样本年份中从未进口过机器人但在处理组进口机器人当年进口了普通资本品的企业作为控制组。根据相应的匹配方法和匹配协变量，处理组和控制组之间的差异仅在于是否进口过工业机器人。然后，本章采用双重差分法（DID）对比处理组和控制组企业出口产品多元化指标，以考察工业智能化对企业出口产品多元化产生何种影响。本章的基准计量回归模型构建如下：

$$y_{ijt} = \alpha + \beta Robot_{ij} \times Post_{ijt} + \gamma X_{ijt} + \mu_j + \mu_t + \varepsilon_{ijt} \qquad （4-2）$$

其中，下标 i、j、t 分别表示企业、企业所在的 CIC-4 位码行业以及年份；y 为企业出口产品多元化指标，即企业 HS8 位码层面的出口产品种类数目和企业出口多元化指数。$Robot \times Post$ 为双重差分项，$Robot$ 为二元虚拟变量，当企业进口过工业机器人时取值为 1，否则为 0。由于工业机器人属于固定资产，在定期保养维护以及规范操作的情况下工业机器人的使用寿命通常可以达到 7 万小时，因此企业在进口工业机器人用于生产经营活动后可能在多年内不会再进口机器人。据此，如果某个企业在某一年进口了工业机器人，那么在当年及其之后各年企业使用工业机器人的时间虚拟变量 $Post$ 均为 1，在进口前取值为 0。X 为企业层面控制变量集合，包括：（1）企业年龄（lnage），用观测年份减去成立年份加 1 的对数值表示；（2）企业规模（lnsize），用企业年末员工数量的对数值表示；（3）企业利润率（profit），用企业营业利润与其主营业务收入的比值来衡量；（4）企业资本负债率（alr），用企业负债总额与资产总额的比值表示；（5）企业资本劳动密集度（lnkl），用企业固定资产净值除以年末员工人数的对数值表示；（6）行业市场集中度（HHI），采用行业的赫芬达尔指数来衡量，为企业的主营业务收入占企业所在行业的主营业务收入的比重。本章的研究在企业层面，回归中控制了行业固定效应 μ_j 以及

时间固定效应 μ_t，并将标准误聚类到企业层面。本章重点关注双重差分项 $Robot \times Post$ 的估计系数 β，它刻画了企业使用工业机器人后对出口产品多元化程度的影响，若 $\beta>0$ 意味着企业在使用机器人后，处理组企业出口产品多元化程度的增长幅度大于控制组，表明工业智能化促进了企业出口产品多元化；相反，则意味着工业智能化抑制了企业出口产品多元化。

表 4-1 报告了在倾向得分匹配前的原始数据中使用机器人的企业与从未使用过机器人但使用了普通资本品的企业除行业市场集中度以外的其他变量统计特征，我们发现相比于从未使用过机器人的企业，使用机器人的企业出口多元化程度更高、年龄更高、规模更大、利润率更高、资本负债率更低，这说明在工业机器人的使用决策上企业可能存在自选择问题，也可能是由于工业机器人的使用对企业绩效产生了影响（Bonfiglioli 等，2020；Koch 等，2019）。为了避免自选择效应造成本章估计偏误，在本章的基准回归分析中我们使用了"PSM+DID"来减少可能的内生性问题。

表 4-1 企业特征变量的描述性统计

变量名称	进口过机器人的企业				从未进口过机器人，但进口过普通资本品的企业				均值差异	T统计量
	观测值	均值	最小值	最大值	观测值	均值	最小值	最大值		
div	8,506	0.36	0.00	0.94	478,112	0.31	0.00	0.99	0.05	19.19***
variety	8,506	14.81	1.00	426	478,112	8.11	1.00	1789	6.70	25.36***
lnage	8,506	2.22	0.00	4.48	478,112	2.11	0.00	5.13	0.11	18.46***
lnsize	8,506	6.66	2.30	12.31	478,112	5.37	2.07	11.92	1.28	91.68***
profit	8,506	0.09	0.00	18.24	478,112	0.06	0.00	49.22	0.03	14.92***
alr	8,506	4.75	0.00	2.96	478,112	0.52	0.00	17.29	−0.07	−31.32***
lnkl	8,506	0.45	−1.60	11.86	478,112	3.79	−6.40	13.95	0.96	75.86***

2. 计量模型选择：HDFE 高维固定效应模型和负二项分布回归模型

本章选取了企业出口产品多元化指数和企业出口产品种类数目衡量企业出口产品多元化程度，作为被解释变量。其中，企业出口产品多元化指数的取值范围为 [0，1]，为连续变量，因此采用 HDFE 高维固定效应的估计方法对其进行估计。而企业出口产品种类数为非负整数，属于计数变量，通常使用泊松分布或负二项分布计量模型进行回归。但泊松分布具有一定的局限，要求分布必须"均等分散"，即期望与方差相等，若方差明显大于期望，则存在"过度分散"，使用泊松分布进行估计存在较大的偏误，此时可以采用负二项分布回归模型。为此，本章以企业出口产品种类数目作为被解释变量，对式（4-2）进行了泊松准极大似然估计的拟合优度检验来分析其分布特征，检验结果如表 4-2 所示。从结果来看，拟合优度检验均拒绝了企业出口产品种类数目服从泊松分布的原假设，且存在标准误明显大于均值的过度分散特征。据此，本章选择负二项回归计量模型对被解释变量为企业出口产品种类数目的回归方程进行估计，同时考虑到拟合优度检验的局限性，在稳健性检验部分采用泊松分布佐证实证结果。

表 4-2　因变量（企业出口产品种类数目）分布的拟合优度检验结果

因变量	离差拟合优度检验 （H0：Y 服从泊松分布）	Pearson 拟合优度检验 （H0：Y 服从泊松分布）	样本均值	样本标准差
企业出口产品 种类数目	181894.8*** （0.000）	239917.8*** （0.000）	12.232	20.655

四、处理组与控制组确定

一方面，我们通过中国海关数据选取出 2000—2013 年进口过工业机器人的相关数据作为处理组数据；另一方面，为缓解企业进口工业机器人决策的内生性，我们采用倾向得分匹配的方法为处理组企业寻找相邻的控制组数据。考虑到工业机器人与普通资本品的区别，本章将样本期内首次进口机器人的企业视为处理组，将从未进口过机器人但在处理组企业首次进口机器人当年进口了普通资本品的企业视为潜在控制组。借鉴现有文献关于企业决定是否引进机器人用于生产经营活动的影响因素的分析结果，本章选择企业年龄（lnage）、规模（lnsize）、利润率（profit）、资本负债率（alr）、资本劳动密集度（lnkl）、劳动生产率（lnlabortfp）、企业所有制类型虚拟变量〔是否为国有企业（stateowned）、是否为外资企业（foreign）〕以上 8 个变量作为匹配协变量。具体的匹配过程如下：由于不同企业首次进口机器人的年份不同，本章参照李磊（2022）的做法按年份进行逐层匹配。例如，第 t 年有 N 个企业首次进口工业机器人，那么我们将这 N 个企业第 $t-1$ 年的相关数据提取出来，与在 t 年进口了普通资本品但在样本期内从未进口过工业机器人的潜在控制组企业的第 $t-1$ 年数据合并在一起，在控制城市和 CIC-4 位码行业层面固定效应下进行 psmatch2。得到匹配好的处理组与对照组数据后，根据企业 id，提取出样本期内处理组与对照组企业各年的观测值，构成机器人冲击发生在第 t 年的这部分匹配好的样本。

本章的基准回归采用近邻匹配方法按照 1:5 匹配比例进行逐年 PSM，倾向得分匹配的应用需要同时满足共同支撑条件和平衡性条件。图 4-2 为 2000 年近邻匹配前后的处理组和控制组倾向得分匹配的核密度图，可以看出 2000 年匹配前处理组与控制组的倾向得分值分布存在明显差异，而匹配后二者的倾向得分值的分布出现大面积重合，表明本章的匹配满足共同支撑假设。其他年份近邻匹配的共同支撑假设检验结果均与 2000 年相近。

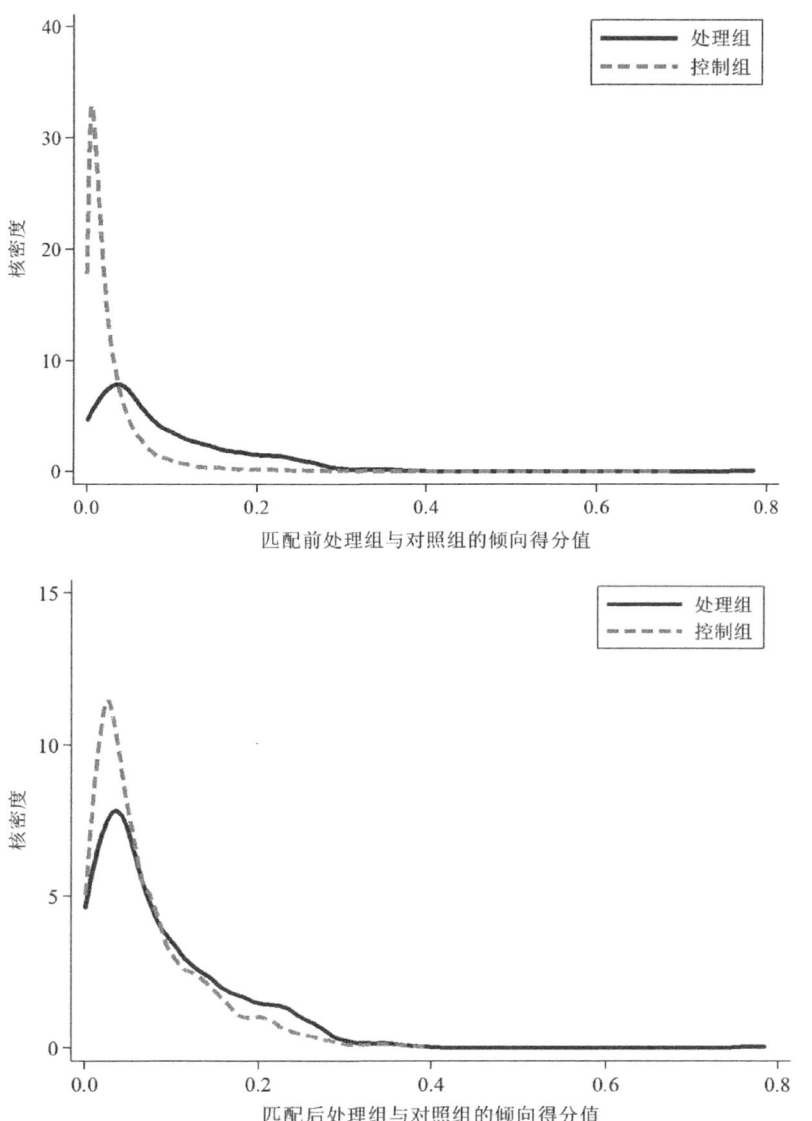

图4-2　近邻匹配前后的处理组和控制组倾向得分匹配的核密度图（2000年）

平衡性假设要求匹配后在处理组和对照组间匹配变量不存在显著差异，匹配后的标准偏差绝对值越小表明匹配质量越好。表4-3报告了2000年近邻匹配的平衡性假设检验结果，从结果来看，匹配后处理组与对照组间各匹配变量的标准偏差绝对数均小于10%，而且所有变量的 T 检验结果均不拒绝处理组与对照组无系统差异的原假设，根据 Rosenbaum 和 Rubin（1985）的观点可以认定本章的 PSM 匹配满足平衡性假设。其他年份的平衡性检验结果均与 2000 年相近。

表4-3　平衡性假设检验（2000 年）

变量	均值（匹配后）		标准偏差（匹配后，%）	T 统计量（匹配后）	T 检验相伴概率（匹配后）
	处理组	控制组			
ln*labortfp*	5.843	5.843	1.3	0.06	0.953
ln*age*	1.883	1.869	2.4	0.11	0.916
ln*size*	6.226	6.263	−3.5	−0.15	0.878
profit	0.114	0.108	5.3	0.24	0.811
alr	0.471	0.470	0.4	0.02	0.986
ln*kl*	4.699	4.700	−0.1	−0.00	0.996
foreign	0.365	0.400	−7.0	−0.31	0.754
stateowned	0.048	0.053	−2.2	−0.10	0.921

基于匹配后的样本，采用双重差分法进行估计，估计方程见式（4-2）。本章采用"PSM+DID"识别出的机器人使用的企业出口产品多元化效应，可以理解为处理组企业在进口工业机器人前后企业出口产品多元化水平的变化减去与之匹配的控制组企业在同一时段内出口产品多元化的平均变化水平的均值。此外，在稳健性检验部分，本章还采用不同的匹配方法，如近邻匹配 1:1 和近邻匹配 1:3、半径匹配（匹配半径设置为0.001）、核匹配、马氏匹配（匹配比例 1:5），以确保估计结果的稳健性。

五、特征事实：工业智能化与企业出口产品多元化关系初探

本章将匹配好的处理组企业根据企业首次进口机器人的时间分为首次进口机器人前的企业和首次进口机器人后的企业两类，对比分析两类处理组企业和对照组企业出口产品多元化程度（出口产品多元化指数 *div* 和出口产品种类数据 *variety*）、企业规模（ln*size*）和企业劳动生产率（ln*labortfp*）的特征差异，结果如表4-4所示。可以总结出的特征事实

大体有以下两点：（1）从未进口过机器人的企业与企业首次进口机器人之前相比，企业出口产品多元化指数、出口产品种类数目、企业规模和劳动生产率的均值和中位数没有明显的差异，验证了本章倾向得分匹配结果的有效性，也说明在企业进口工业机器人之前处理组和控制组企业满足平行趋势假设。（2）首次进口机器人后的企业出口产品多元化水平在均值和中位数方面均明显高于从未进口过机器人的企业和首次进口机器人前的企业，意味着在使用机器人后企业出口产品多元化水平的均值明显提高，侧面印证了工业智能化有助于促进企业出口产品多元化的提升。

表 4-4　不同类型下的企业特征差异

指标		*div*		*variety*		ln*size*		ln*labortfp*	
		均值	中位数	均值	中位数	均值	中位数	均值	中位数
控制组	从未进口过机器人的企业	0.320	0.028	11.359	5.000	6.348	6.326	6.096	6.021
处理组	首次进口机器人前的企业	0.324	0.313	11.472	6.000	6.353	6.326	6.098	6.019
	首次进口机器人后的企业	0.387	0.414	16.980	9.000	6.791	6.762	6.207	6.065

接着，由于不同企业首次进口工业机器人的时间有所不同，为了更加清晰地描绘出处理组和控制组企业出口产品多元化随时间变化的趋势，我们以 2006 年为分界点绘制出控制组以及 2006 年首次进口机器人的处理组企业出口产品多元化指数和出口产品种类数目的折线图（见图 4-3）。可以看出，处理组和对照组企业在 2006 年之前出口产品多元化指数和出口产品种类数目的平均值相近，变化趋势基本一致，表明在 2006 年首次进口机器人之前处理组和对照组企业的出口产品多元化指标满足平行性假设。在进口工业机器人当年（2006 年），处理组企业的出口多元化指数和出口产品种类显著增加，出口产品多元化指数的平均值从 2005 年的 0.322 上升至 2006 年的 0.371，出口产品种类数目的平均值从 9.190 上升至 14.882。同时，处理组企业出口产品多元化水平在首次进口机器人当年便有显著提升，明显高于控制组企业的出口产品多元化水平，但在

随后的 7 年内二者出口产品多元化之间的差距并未随时间逐渐扩大，说明企业进口机器人对处理组企业出口产品多元化的提升效果显著且迅速，但这一影响效应会在未来几年内逐渐削弱。本章在实证分析部分采用动态影响效应分析检验了工业智能化影响企业出口产品多元化的持续时间。

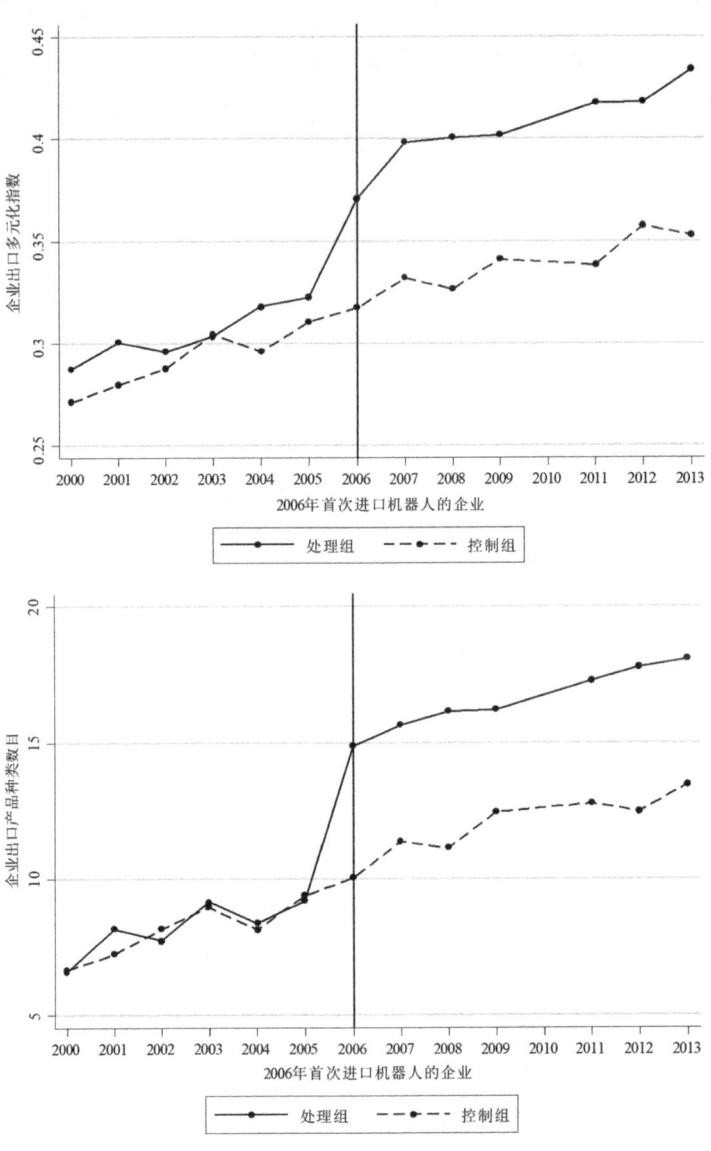

图 4-3　工业智能化与企业出口产品多元化的关系

第三节　实证结果与分析

一、基准估计结果

为考察工业智能化对中国企业出口产品多元化的影响，精确地识别出二者之间的因果关系，本章基于倾向得分匹配后的数据，采用双重差分法分别以企业出口多元化指数和出口产品种类数目为被解释变量，使用 HDFE 高维固定效应和负二项分布回归模型对式（4-2）进行估计，回归结果如表 4-5 所示。列（1）和列（3）控制了城市固定效应以及企业所在 CIC-4 位码行业固定效应，列（2）和列（4）则进一步将企业特征变量纳入回归方程。结果显示，无论是以企业出口产品多元化指数还是出口产品种类数目作为被解释变量，双重差分项 $Robot \times Post$ 的估计系数均在 1% 的水平上显著为正，意味着工业智能化显著促进了企业出口产品多元化水平的提高。以列（4）为例，企业使用机器人后出口产品种类相对提高了 0.138。综上所述，无论采用何种指标衡量企业出口产品多元化水平，企业使用机器人都将对其自身的出口结构产生正向影响，从而促使企业实施多元化发展战略，验证了理论分析中研究假说 1 成立。

表 4-5　工业智能化与中国企业出口产品多元化

	（1）	（2）	（3）	（4）
	div（HDFE 高维固定效应）		variety（负二项分布回归模型）	
$Robot \times Post$	0.049*** （0.011）	0.029** （0.012）	0.260*** （0.046）	0.138*** （0.042）
lnage		0.019*** （0.007）		0.110*** （0.032）
lnsize		0.042*** （0.004）		0.292*** （0.015）
profit		−0.035*** （0.013）		−0.158*** （0.041）

（续表）

	（1）	（2）	（3）	（4）
	div（HDFE 高维固定效应）		*variety*（负二项分布回归模型）	
alr		−0.015 （0.017）		0.120* （0.066）
ln*kl*		0.008** （0.003）		0.070*** （0.015）
HHI		0.209** （0.106）		0.578 （0.363）
固定效应	是	是	是	是
样本量	18,323	18,323	18,341	18,341
R^2\Pseudo R^2	0.167	0.194	0.0667	0.0848

注：固定效应包括时间固定效应、城市固定效应和行业固定效应；括号内为聚类到企业层面的稳健标准误；***、**、* 分别表示 p<0.01、p<0.05 和 p<0.1，下同。

二、动态影响效应分析

为了进一步考察企业使用工业机器人对其出口产品多元化的影响时长，识别出动态影响效果，本章在公式（4-2）的基础上采用如下计量回归模型进行进一步分析：

$$y_{ijt} = \alpha + \beta_v \sum_{v=1}^{5} Robot_{ij} \times Postv_{ijt} + \gamma X_{ijt} + \mu_j + \mu_t + \varepsilon_{ijt} \qquad （4-3）$$

其中，$Robot_{ij} \times Postv_{ijt}$ 为各年份的双重差分项，若 t 年为处理组企业 i 首次进口机器人的第 v 年，则 $Postv_{ijt}$ 取值为 1，反之为 0。其余变量含义均与式（4-2）相同。估计系数 β_v 反映了企业进口机器人第 v 年后对出口产品多元化的真实影响效应。考虑到本章数据的时间跨度，我们考察了企业进口机器人后 5 年对出口产品多元化的动态影响效应，估计结果如表 4-6 所示。

表 4-6　动态影响效应

	（1） *div*	（2） *variety*
*Robot×Post*1	0.025** （0.011）	0.105*** （0.039）

（续表）

	（1） div	（2） variety
Robot×Post2	0.038** （0.016）	0.154*** （0.055）
Robot×Post3	0.030** （0.014）	0.130** （0.051）
Robot×Post4	0.025* （0.012）	0.125** （0.056）
Robot×Post5	0.008 （0.017）	0.087 （0.058）
控制变量	是	是
固定效应	是	是
样本量	18,323	18,341
R^2\Pseudo R^2	0.1940	0.0847

结果显示，不论是出口产品多元化指数还是出口产品种类数目，
Robot×Post1、Robot×Post2、Robot×Post3 以及 Robot×Post4 的估计系数
均显著为正，而 Robot×Post5 的估计系数在统计上不显著。从估计系数
的大小来看，Robot×Post 的估计系数在第二年最大，随后逐年递减。上
述结果表明企业首次进口工业机器人后，企业出口产品多元化水平在当
年就有明显的提升，而这一促进效应在第二年达到最大，随后提升效果
逐渐减小，在进口后的第五年完全消失。以列（2）为例，企业进口机器
人当年出口产品种类数目相对提高了 0.105，进口后的第二年提升效果增
加，出口产品种类数目相对提高了 0.154，而在第三年促进效应开始下降
至 0.130，第四年下降至 0.125，在第五年提升效应完全消失。这一结果
意味着工业智能化所带来的出口产品多元化促进效应表现出迅速但持续
时间较短的特点。造成上述结果的原因可能在于即使质量较高的 ABB 机
器人使用寿命也仅有 10 年，而处理组绝大多数企业在首次进口机器人后
便不再进口机器人。

三、稳健性检验

本章从双重差分法的假设条件、计量回归模型设定等出发进行了一

系列的稳健性检验，以保证本章研究结论的可靠性。

1. 平行趋势检验

我们使用双重差分法很好地解决了企业使用机器人影响出口产品多元化经验分析中的内生性，但在使用双重差分法时平行趋势假设是重要的前提，需要保证处理组企业和控制组企业在没有外生冲击的影响时结果变量的变化趋势相同。对此，本章构建了处理组首次进口机器人之前的交互项 $\sum_{v=-3}^{-1} Robot \times Postv$，本章选择了处理组企业首次进口机器人的前三年来检验平行趋势假设是否成立。估计结果见表 4-7 Panel A 和 Panel B 中的列（1），可以看出在企业进口机器人之前，交互项的估计系数均不显著，表明在没有受到机器人进口冲击前处理组企业和控制组企业具有可比性，平行趋势假设成立。

2. 替换企业出口产品多元化指标

在基准回归分析中，我们采用企业出口的 HS8 位码产品数据测算出企业出口产品多元化指数和出口产品种类数目。考虑到不同分位的产品间替代弹性不同，HS4 位码产品间替代弹性大于 HS8 位码产品，本章采用 HS4 位码产品出口数据重新测算企业出口产品多元化指标来进行稳健性检验，估计结果如表 4-7 Panel A 和 Panel B 中的列（2）所示。从结果来看，交互项 $Robot \times Post$ 的估计系数仍然在 1% 的水平上显著为正，表明本章工业智能化显著促进了企业出口产品多元化的核心结论是稳健的。

3. 将样本限制在 2008 年以前

2008 年的金融危机会对企业出口产品多元化水平以及企业是否进口工业机器人产生直接影响，为了避免金融危机冲击干扰本章的研究结论，我们将样本限制在 2000—2007 年重新进行估计。回归结果如表 4-7 Panel A 和 Panel B 中的列（3）所示，结果显示工业智能化对企业出口产品多元化指数和出口产品种类数目的影响仍然显著为正。

4. 剔除贸易中介商和机器人制造商

在中国工业企业数据库中存在部分贸易中介商，它们在进口机器人后并不用于自身生产而是转销给国内其他企业。参照以往文献的做法，将企业名称中包含"进出口""经贸""商贸"等关键词的样本删除。同时数据库中可能还存在机器人制造商，进口机器人被这些企业用于研发或作为中间投入品用于生产。借鉴 Fan 等（2021）的方法，删除企业名称中包含"机器人"的样本。在剔除贸易中介商和机器人制造商后重新对式（4-2）进行回归，估计结果报告如表 4-7 Panel A 和 Panel B 中的列（4）所示。可以看出，剔除后的估计结果与基准回归结果基本没有明显变化，说明本章的核心结论并未受到上述样本的干扰。

5. 控制其他外生冲击

除了工业智能化所导致的企业出口产品多元化水平变化之外，在样本期内还可能存在其他外生因素导致企业出口产品多元化水平变化（李磊，2022）。例如，最低工资会通过企业用工成本进而对企业是否使用机器人的决策产生影响。为了排除最低工资上涨对回归结果可能造成的干扰，本章将城市最低工资水平 lnmwage 纳入基准回归方程。出口企业面临的国际汇率波动会通过影响企业出口产品需求影响出口产品多元化水平，本章以企业 – 出口目的地层面的出口额占企业出口总额的比值为权重将国家层面的汇率加权平均至企业层面（直接标价法，lnexchange）并将其纳入基准回归模型。此外，除了工业机器人进口以外，普通资本品的进口也可能影响企业出口产品多元化水平。虽然在倾向得分匹配时我们选择从未进口过机器人但在处理组进口机器人当年进口了普通资本品的企业作为控制组，但为了进一步排除普通资本品进口给企业出口多元化带来的影响，本章将除工业机器人以外的普通资本品进口金额（lncapital）纳入回归方程。表 4-7 Panel A 和 Panel B 中的列（5）是控制上述外生冲击后的估计结果，结果显示工业智能化对企业出口产品多元化水平的影响仍然显著为正，且系数大小变化不大，本章的核心结论依然成立。

表4-7 稳健性检验

	（1） 平行趋势检验	（2） HS4位码	（3） 2008年前	（4） 剔除相关企业	（5） 控制其他冲击
Panel A. 被解释变量为企业出口多元化指数（div）					
Robot×Post−1	0.004 （0.009）				
Robot×Post−2	0.008 （0.013）				
Robot×Post−3	0.015 （0.018）				
Robot×Post		0.042*** （0.011）	0.036** （0.015）	0.030*** （0.012）	0.023** （0.012）
lnmwage					−0.073** （0.034）
lnexchange					−0.008*** （0.001）
lncapital					0.006*** （0.001）
控制变量	是	是	是	是	是
固定效应	是	是	是	是	是
样本量	18,336	18,323	10,625	18,310	15,473
R^2	0.6810	0.1834	0.210	0.1946	0.2079
Panel B. 被解释变量为企业出口产品种类数目（variety）					
Robot×Post−1	0.043 （0.040）				
Robot×Post−2	0.051 （0.054）				
Robot×Post−3	0.071 （0.065）				
Robot×Post		0.174*** （0.041）	0.139*** （0.051）	0.141*** （0.042）	0.079* （0.042）
lnmwage					−0.020 （0.117）
lnexchange					−0.041*** （0.005）
lncapital					0.047*** （0.003）
控制变量	是	是	是	是	是
固定效应	是	是	是	是	是
样本量	18,341	18,341	10,657	18,328	15,494
Pseudo R^2	0.0845	0.0850	0.0837	0.0849	0.0940

6. 匹配协变量、处理组、匹配比例以及方法

在基准回归中，我们将首次进口工业机器人的企业视为处理组，将从未进口过工业机器人但当处理组首次进口机器人当年进口了普通资本品的企业视为控制组，以企业年龄、规模、利润率、资本负债率、资本劳动密集度、劳动生产率以及企业所有制类型虚拟变量作为匹配协变量，采用近邻匹配方法，按照 1:5 匹配比例来逐年进行倾向得分匹配，得到本章的基准回归数据。为了避免匹配协变量选取影响本章的核心结论，我们根据平衡性原则（Rubin，1983），在控制城市固定效应和行业固定效应的基础上，进一步加入了企业年龄和企业规模的高阶项来作为协变量，重新匹配后估计结果如表 4-8 Panel A 和 Panel B 中的列（1）所示。在增加匹配协变量后，双重差分项 Robot×Post 的估计结果仍然在 1% 的水平上显著为正。

在本章的样本中，大多数企业仅进口一次工业机器人，在进口过机器人的企业中 19.4% 的企业会再次进口机器人，而在动态影响效应分析中我们发现企业使用机器人带来的出口产品多元化提升效应会在首次进口机器人后的第五年消失。而处理组企业样本中多次进口机器人的企业可能会干扰机器人应用对企业出口产品多元化影响的识别，导致结果被高估。据此，本章将处理组设定为样本期内仅进口一次机器人的企业，以应对企业多次进口机器人对估计结果的干扰。重新设定处理组后的估计结果如表 4-8 Panel A 和 Panel B 中的列（2）所示。结果显示，在进一步排除企业多次进口机器人对企业出口多元化的影响后，交互项 Robot×Post 的估计系数依然显著为正，本章的核心结论是稳健的。

估计结果的稳健性可能受匹配比例的影响。在基准回归按照 1:5 的比例进行配对，在稳健性检验部分，我们将配对比例缩小至 1:3 和 1:5 后重新进行匹配，匹配后的双重差分估计结果如表 4-8 Panel A 和 Panel B 中的列（3）和列（4）所示。结果显示，企业出口产品多元化指数和出口产品种类数目的交互项 Robot×Post 的估计系数均显著为正。此外，本

章还采用不同的匹配方法，如半径匹配（匹配半径设置为0.001）、核匹配、马氏匹配（匹配比例1:5），以确保估计结果的稳健性，结果如表4-8列（5）至列（7）所示。从结果来看，交互项的估计系数均显著为正，表明无论采用何种匹配方法，本章的核心结论均成立。

表4-8　关于倾向得分匹配的稳健性检验

	（1）增加匹配协变量	（2）处理组为仅进口一次机器人的企业	（3）近邻匹配1:3	（4）近邻匹配1:1	（5）半径匹配（半径0.001）	（6）核匹配	（7）马氏匹配
Panel A. 被解释变量为企业出口多元化指数（div）							
Robot×Post	0.030*** （0.011）	0.032** （0.014）	0.025** （0.012）	0.015* （0.010）	0.048*** （0.011）	0.048*** （0.011）	0.040*** （0.012）
控制变量	是	是	是	是	是	是	是
固定效应	是	是	是	是	是	是	是
样本量	18,746	16,896	13,335	7,453	147,930	149,923	19,550
R^2	0.1874	0.1988	0.2073	0.2579	0.0853	0.0853	0.1709
Panel B. 被解释变量为企业出口产品种类数目（variety）							
Robot×Post	0.125*** （0.043）	0.153*** （0.053）	0.129*** （0.044）	0.126** （0.049）	0.290*** （0.044）	0.294*** （0.043）	0.155*** （0.042）
控制变量	是	是	是	是	是	是	是
固定效应	是	是	是	是	是	是	是
样本量	18,765	16,912	13,359	7,477	147,937	149,930	19,577
Pseudo R^2	0.0825	0.0871	0.0902	0.0973	0.0439	0.0445	0.0796

7. 改变估计方法

本章采用泊松分布对企业出口产品种类数目的回归方程进行重新估计，以避免拟合优度检验的局限性可能干扰计量模型的正确选择。如表4-9列（1）所示，交互项 Robot×Post 的估计系数已转化为边际效应，在10%的水平上显著为正，但系数大小由基准回归中的0.138下降至0.089，表明在使用泊松分布回归模型后，工业智能化仍然显著推动了企业出口产品结构更为多元化。此外，我们还采用固定效应模型以企业出口产品种类数目的对数值为被解释变量，对基准回归模型进行重新估计，结果如表4-9列（2）所示。从结果来看，交互项 Robot×Post 的估计系数同样显著为正，本章的核心结论不受估计方法的影响，具有较强的稳健性。

表 4-9　稳健性检验：改变估计方法

	（1） 泊松分布回归模型	（2） 固定效应模型
$Robot \times Post$	0.089* （0.046）	0.171*** （0.022）
控制变量	是	是
固定效应	是	是
样本量	18,341	18,323
R^2	0.3757	0.3534

四、异质性分析

1. 基于企业所有制

前文的分析表明工业智能化促进了中国企业出口产品多元化，但这一结论忽略了不同所有制类型的企业在使用机器人后可能对出口产品多元化的效果存在差异。为此，我们按照企业所有制类型将样本分为国有企业和非国有企业。本章构建二元虚拟变量 D_1，国有企业取值为 1，非国有企业取值为 0，在基准计量模型中加入双重差分项与企业所有制虚拟变量的三重交互项 $Robot \times Post \times D_1$，估计结果报告如表 4-10 列（1）和列（2）所示。从估计结果来看，三重交互项 $Robot \times Post \times D_1$ 的估计系数为正，但不显著，而双重差分项 $Robot \times Post$ 的估计系数显著为正，这说明工业智能化对非国有企业出口产品多元化的促进效应比国有企业更大。可能的原因是，相比于非国有企业，国有企业更多地承担着"稳就业"的责任，即使其大规模采用机器人执行生产任务，也无法在短期内大面积裁员，导致工业智能化对国有企业的生产成本降低幅度有限，甚至可能提高生产经营成本，导致国有企业进行新产品开发的动机较小。由此可见，在通过大力发展人工智能来提高企业风险抵御能力的过程中，工业智能化对国有企业的新产品研发激励效应仍然有待激发。

2. 基于不同贸易方式

考虑到工业智能化对中国企业出口产品多元化的影响可能受企业出口贸易方式的不同而产生异质性效应。据此，本章借鉴 Kee 和 Tang（2016）的分类方法，将企业划分为加工贸易企业和一般贸易企业。在基准计量模型中加入双重差分项与企业贸易方式虚拟变量 D_2 的三重交互项 $Robot \times Post \times D_2$，其中出口企业为加工贸易企业，则 D_2 取值为 1，否则取值为 0，估计结果如表 4-10 列（3）和列（4）所示。结果显示，企业出口产品多元化指数和出口产品种类数目的三重交互项 $Robot \times Post \times D_2$ 的估计系数均在统计上不显著，而双重差分项 $Robot \times Post$ 的估计系数均在 5% 的水平上显著为正，这说明工业智能化会显著促进一般贸易企业出口产品多元化，但对加工贸易企业的出口多元化水平没有显著影响。原因可能在于，中国企业的加工贸易方式主要包括来料加工和进料加工，这种接单式出口方式导致加工贸易企业的出口产品种类主要依赖于发包方的需求。

3. 基于不同行业竞争程度

在新产品研发方面，低竞争行业企业需要在自身蚕食效应和企业内部知识外溢效应二者间进行权衡（沈彬朝和沈国兵，2022）。一方面，对于低竞争行业企业来说，新产品开发可能会因降低消费者对企业现有产品的需求而对企业销售和利润产生负面影响，即自身蚕食效应（Dhingra，2013；Eckel 和 Neary，2010）。另一方面，企业内部不同产品间存在知识外溢效应，一种产品的生产知识对研发和生产另外一种产品具有正外部性（Flach 和 Irlacher，2018）。鉴于此，工业智能化对中国企业出口产品多元化的影响可能受行业竞争程度的不同而产生异质性效应。我们按照行业垄断程度，将行业赫芬达尔指数大于或等于中位数的行业作为低竞争行业，小于中位数的行业作为高竞争行业。在基准计量模型中加入双重差分项与行业竞争程度虚拟变量 D_3 的三重交互项 $Robot \times Post \times D_3$，其中当企业所在的 CIC-4 位码行业为低竞争行业时，D_3 取值为 1，反之则取值为 0，估计结果如表4-10列（5）和列（6）所示。结果显示，企业出口产品多元化指数和出口产品种类数目的三重交互项 $Robot \times Post \times D_3$ 的估计系数均为负，但在统计上不显著，而双重差分项 $Robot \times Post$ 的估计系数均显著为正，这说明工业智能化对垄断企业的出口产品多元化水平没有显著影响，这可能是自身蚕食效应和知识外溢效应两种影响效应的综合影响结果，而高竞争行业企业在使用机器人后，出口产品多元化水平显著提升。

表4-10　异质性分析

	（1）	（2）	（3）	（4）	（5）	（6）
	企业所有制异质性		企业出口贸易方式异质性		行业竞争程度异质性	
	div	*variety*	*div*	*variety*	*div*	*variety*
$Robot \times Post$	0.028** （0.012）	0.137*** （0.043）	0.036** （0.016）	0.030 （0.060）	0.037** （0.014）	0.133*** （0.048）
$Robot \times Post \times D_1$	0.090 （0.074）	0.078 （0.188）				
$Robot \times Post \times D_2$			−0.011 （0.020）	0.166** （0.070）		
$Robot \times Post \times D_3$					−0.006 （0.008）	−0.005 （0.032）
控制变量	是	是	是	是	是	是
固定效应	是	是	是	是	是	是
样本量	18,323	18,341	18,322	18,340	18,323	18,341
R^2/Pseudo R^2	0.1946	0.0848	0.1945	0.0849	0.1943	0.0847

第四节　作用机制检验与拓展分析

一、作用机制检验

基准分析较为全面地解释了工业智能化对企业出口产品多元化的影响，但是没有回答工业智能化如何影响企业出口产品多元化的问题。在这一部分，我们尝试对理论分析框架中的影响机制进行实证检验。本章构建如下模型进行中介效应检验：

$$y_{ijt} = \alpha_0 + \alpha_1 Robot_{ij} \times Post_{ijt} + \alpha_2 X_{ijt} + \mu_j + \mu_t + \varepsilon_{ijt} \qquad (4\text{-}4)$$

$$M_{ijt} = \beta_0 + \beta_1 Robot_{ij} \times Post_{ijt} + \beta_2 X_{ijt} + \mu_j + \mu_t + \varepsilon_{ijt} \qquad (4\text{-}5)$$

$$y_{ijt} = \eta_0 + \eta_1 Robot_{ij} \times Post_{ijt} + \eta_2 M_{ijt} + \eta_3 X_{ijt} + \mu_j + \mu_t + \varepsilon_{ijt} \qquad (4\text{-}6)$$

其中，式（4-4）与基准回归模型保持一致，$Robot \times Post$ 的系数 α_1 反映了工业智能化对企业出口产品多元化水平的总效应。式（4-5）被解释变量 M 为工业智能化影响企业出口产品多元化的中介变量，包括企业生产率（tfp）、企业生产成本（$lncost$）、企业市场规模（$marketshare$）以及企业中间品进口规模与种类（$lnimportvalue$、$lnimportvariety$）。式（4-6）在式（4-5）基础上加入了中介变量 M，此时 $Robot \times Post$ 的系数 η_1 表示企业使用工业机器人对企业出口产品多元化水平的直接效应，而 M 的系数 η_2 表示在控制 $Robot \times Post$ 之后中介变量对企业出口产品多元化水平的影响。当中介效应模型中 α_1、β_1 以及 η_2 均显著时，中介效应存在，中介变量引致的中介效应大小为 $\beta_1 \times \eta_2$，该中介效应占工业智能化影响企业出口产品多元化总效应的比重为 $\beta_1 \times \eta_2 / \alpha_1$。

1. 生产率效应

由于 2008 年以后的样本存在较多缺失值，本章运用 LP 方法[①] 基于 2000—2007 年数据测算了企业全要素生产率水平（$lntfplp$）。表 4-11 列（1）为企业全要素生产率对企业工业智能化双重差分项进行回归的估计结果，结果显示企业使用机器人后生产率水平显著提高。表 4-11 列（2）和列（3）估计结果显示，生产率的中介效应显著为正，企业生产率提高对企业出口产品多元化具有显著的正向促进作用，而在控制相应的中介变量后，工业智能化的估计系数仍然显著为正，但系数大小有所下降，表明工业智能化通过促进企业生产率提高而增加了企业出口产品多元化。以企业出口产品多元化指数为例，生产率提升的中介效应为 0.001，约占总效应的 2.61%。

----

① LP 方法：一种用于测量企业或国家经济生产效率的经济学方法。

表 4-11　工业智能化对企业生产率的影响

	（1）	（2）	（3）
	ln*tfplp*	*div*	*variety*
Robot×Post	0.063**	0.029**	0.130**
	（0.029）	（0.012）	（0.042）
ln*tfplp*		0.012**	0.264***
		（0.005）	（0.022）
控制变量	是	是	是
固定效应	是	是	是
样本量	10,657	10,625	10,657
R^2/Pseudo R^2	0.5908	0.2098	0.0889

2. 生产成本效应

表 4-12 报告了对生产成本效应的回归。我们采用企业单位产值的劳动力成本（ln*ulc*）和单位产值的主营业务成本（ln*uoc*）度量企业生产成本，以企业使用机器人的双重差分项对企业生产成本进行回归，结果报告在表 4-12 列（1）和列（2）中。结果显示，核心解释变量的估计系数均在统计上不显著，表明工业智能化对企业单位产值的劳动成本和单位产值的主营业务成本均没有显著影响。为了进一步保证结论的可靠性，我们分别采用柯布－道格拉斯（Cobb-Douglas）生产函数和超越对数生产函数估算企业成本加成率（ln*markupols* 和 ln*markudlwtl*）来衡量企业边际成本。由于 2008 年以后的工业企业数据存在较多缺失值，本章仅采用 2000—2007 年的研究样本以避免估算带来的偏差。表 4-12 列（3）和列（4）的结果显示，双重差分项的估计系数均为负，但不显著，进一步证实了工业智能化对企业边际成本没有显著影响。造成这一现象的原因可能在于：一方面工业智能化产生的就业替代效应直接削减了企业劳动成本（Acemoglu 和 Restrepo，2018b），同时降低了人工管理成本和运营成本；另一方面，机器人属于物质资本投资，在购入机器人后将会增加企业折旧和设备维护成本（李磊，2022）。因此，工业智能化对企业生产成本的影响取决于以上两种方向相反的影响的综合作用，这导致工业智能化对生产成本的影响效果不明显。综上所述，工业智能化并未通过影响企业生产成本，进而影响企业出口产品多元化。

表4-12　工业智能化对企业生产成本的影响

	（1）	（2）	（3）	（4）
	lnulc	lnuoc	lnmarkupols	lnmarkupdlwtl
$Robot×Post$	0.046 （0.030）	0.009 （0.009）	−0.019 （0.040）	−0.019 （0.039）
控制变量	是	是	是	是
固定效应	是	是	是	是
样本量	15,783	18,326	8,193	8,193
R^2/Pseudo R^2	0.4059	0.5413	0.7894	0.8339

3. 市场份额增长效应

以往研究发现企业市场份额会影响企业出口产品范围，在一定范围内市场份额的扩大促进了企业出口产品种类的增加（Feenstra 和 Ma，2007；易靖韬和蒙双，2017）。而工业智能化在提高企业生产率、降低可变成本的同时，通过降低企业产品的相对市场价格等方式抢夺未采用机器人企业的市场份额（Acemoglu 等，2020；Bonfiglioli 等，2020；李磊等，2021），进而推动企业出口产品多元化水平提高。我们借鉴易靖韬和蒙双（2017）的方法测算企业出口市场份额，具体公式如下：

$$marketshare_i = \sum_h \alpha_{ih}\beta_{ihj} = \sum_h \left(\frac{export_{ih}}{\sum_h export_{ih}} \times \frac{export_{ihj}}{\sum_i export_{ihj}} \right) \tag{4-7}$$

其中，$\alpha_{ih} = \frac{export_{ih}}{\sum_h export_{ih}}$ 表示 HS8 位码产品 h 在企业 i 出口总额中的占比，$\beta_{ihj} = \frac{export_{ihj}}{\sum_i export_{ihj}}$ 表示企业 i 的 HS8 位码产品 h 的出口金额占企业所在 CIC-4 位码行业 j 的 HS8 位码产品 h 出口总额的比重，相关数据来自中国海关数据库。表4-13 报告了工业智能化影响企业出口市场份额的估计结果。首先，我们根据企业市场份额的中位数将企业分为两组，并生成虚拟变量 D_4，当企业市场份额等于或大于中位数时，虚拟变量取值为 1，否则为 0。进一步构建企业市场份额与虚拟变量 D_4 的交互项 $marketshave×D_4$，分别以企业出口产品多元化指数和出口产品种类数目为被解释变量，交互项 $marketshave×D_4$ 和企业市场份额为核心解释变量，在控制企业特征变量以及时间、行业、地区固定效应下，考察在本章匹配后的样本中企业市场份额与出口产品多元化是否呈倒 U 型关系，估计结果如表 4-13 列（1）和列（2）所示。结果显示，无论是市场份额较大还是市场份额较小的企业，企业市场份额扩大均显著促进了企业出口产品多元化水平提高，但市场份额较小的企业市场份额增加带来的出口产品多元化促进效应更大。

表 4-13 列（3）和列（4）为本章基准估计结果，列（5）为企业机器人应用的双重差分项对企业出口市场份额的估计结果，列（6）和列（7）分别为控制企业出口市场份额后双重差分项对企业出口产品多元化指数和出口产品种类数目的估计结果。结果显示，企业市场份额发挥了显著的正向中介效应，工业智能化显著扩大了企业市场份额，进而促进了企业出口产品多元化。企业市场份额增长效应是工业智能化促进企业出口产品多元化提升的传递渠道之一。以出口产品多元化指数来说，该机制的中介效应大小为 0.003，约占总效应比重的 9.78%；以出口产品种类数目来说，该机制的中介效应大小为 0.023，约占总效应的 16.63%。

表 4-13 工业智能化对企业市场份额的影响

	（1）	（2）	（3）	（4）	（5）	（6）	（7）
	div	$variety$	div	$variety$	$marketshare$	div	$variety$
$marketshare \times D_4$	−0.127*** （0.015）	−0.407*** （0.053）					
$marketshare$	0.243*** （0.019）	1.297*** （0.078）					
$Robot \times Post$			0.029** （0.012）	0.138*** （0.042）	0.027** （0.012）	0.028** （0.011）	0.120*** （0.039）
$lnmarketshare$						0.105*** （0.011）	0.850*** （0.052）
控制变量	是	是	是	是	是	是	是
固定效应	是	是	是	是	是	是	是
样本量	18,323	18,341	18,323	18,341	18,323	18,323	18,341
R^2/Pseudo R^2	0.2096	0.0955	0.1944	0.0848	0.3102	0.2066	0.0952

4. 中间品进口扩张效应

作为重要的投入要素，高质量、多样化的中间投入品对企业出口产品多元化具有显著的正向影响。而工业智能化使得企业对中间投入品的质量要求大幅度提高（Destefano 和 Timmis，2021），进而导致企业在使用机器人后进口概率和进口规模显著提高，同时促使其从 OECD 国家进口更高质量的产品（Marí 等，2020）。据此推测，相对于未使用工业机器人的企业而言，使用机器人的企业越有可能进口和使用更大规模和更高质量的中间投入品，从而促进企业出口产品多元化水平提高。

本章将中国海关数据库中的 HS 编码与联合国 BEC 分类编码匹配，通过 BEC 编码识别出中间产品，计算出各年企业中间品进口规模以及进口来源国 HS8 位码产品层面的企业中间品进口种类数目。由于来自 OECD 国家的进口中间品质量普遍较高，进一步测算出了企业从 OECD 国家进口的中间品规模，分别以企业中间品进口规模加 1 的对数值（lnimportvalue）、从 OECD 国家进口的中间品规模加 1 的对数值（lnimportoecdvalue）、企业中间品进口种类数目加 1 的对数值（lnimportvariety）作为被解释变量，来检验工业智能化是否会导致企业中间品进口扩张，进而影响企业出口产品多元化，估计结果如表 4-14 所示。列（1）为基准回归模型估计结果，列（2）至列（4）的估计结果显示，企业使用机器人后中间进口总规模和进口种类均显著增加，同时促使企业从 OECD 国家进口了更多的高质量中间品。表 4-14 列（5）至列（7）估计结果显示，中间品进口扩张的中介效应显著为正，企业进口中间品规模增加、进口中间品种类增多以及从 OECD 国家进口中间品的规模增加均对企业出口产品多元化具有显著的正向促进作用，而在控制相应的中介变量后，机器人应用的估计系数仍然显著为正，但系数大小有所下降，表明工业智能化通过促进企业进口中间品而提升了企业出口产品多元化水平。工业智能化对企业出口产品多元化的影响效应有一部分是通过中间品进口扩张路径实现的，其中中间品进口规模的中介效应为

0.0003，约占总效应的 1.11%，从 OECD 进口中间品规模的中介效应为0.0003，约占总效应的 1.09%，中间品进口种类的中介效应为 0.001，约占总效应的 4.21%。

表 4–14　工业智能化对企业中间品进口的影响

	（1） *div*	（2） *value*	（3） *oecdvalue*	（4） *variety*	（5） *div*	（6）	（7）
Robot×Post	0.029** （0.012）	0.053*** （0.124）	0.063*** （0.151）	0.026*** （0.051）	0.026** （0.011）	0.018* （0.010）	0.026** （0.011）
ln*importvalu*					0.006*** （0.001）		
ln*importoecdvalue*						0.005*** （0.001）	
ln*importvariety*							0.047*** （0.003）
控制变量	是	是	是	是	是	是	是
固定效应	是	是	是	是	是	是	是
样本量	18,323	18,323	18,323	18,323	18,323	18,323	18,323
R^2/Pseudo R^2	0.167	0.631	0.548	0.2235	0.200	0.227	0.199

二、拓展分析：工业智能化引致的水平溢出效应

Acemoglu 等（2020）基于 2010—2015 年法国制造业企业层面数据，采用长差分方法，分析了企业机器人使用对企业劳动力需求（劳动力年工作时长）、生产率水平、人均增加值以及企业增加值中劳动力份额的影响，研究发现企业使用工业机器人不仅影响自身的企业表现，还会通过降低企业产品的相对市场价格而引致自身的市场份额扩大，进而对行业内其他企业表现产生影响。具体而言，同时考虑企业自身和行业内其他企业机器人使用情况，采用机器人的企业相比未采用机器人的企业增加值高出 20.1%、劳动力需求高出 10.6%、劳动份额低出 4.3%，而当其竞争者使用工业机器人的可能性上升 10% 时，该企业自身的增加值、劳动力需求以及劳动份额将分别下降 10%、下降 10.5% 和上升 0.2%。李磊和徐大策（2020）采用 2000—2013 年中国制造业企业数据，同样发现企

业使用工业机器人不仅显著提高了自身的劳动生产率水平，还使得行业内其他未使用工业机器人的企业劳动生产率水平显著提升。因此，工业智能化可能存在水平溢出效应。本章在前文考察了企业使用工业机器人对自身出口产品多元化水平的影响，本章进一步考察企业机器人使用是否会影响行业内其他未使用工业机器人的企业出口产品多元化水平以及产生何种影响？我们预期工业智能化通过提升企业生产率、扩大市场规模加剧了行业竞争程度，进而导致行业内低生产率企业被迫收缩出口产品集合，淘汰远离核心技术的边缘产品。

为了捕捉工业智能化对行业内其他企业的出口产品多元化外溢效应，本章以2000—2013年匹配前从未进口过工业机器人的企业为研究样本，用行业内未进口机器人企业出口产品多元化指数和出口产品种类数目对行业机器人使用强度进行回归，分别采用CIC-4位码行业工业机器人进口金额的对数值（lnindrobotsvalue）、进口数量的对数值（lnindrobotsquantity）、CIC-4位码行业内进口机器人企业数量占行业企业总数的比重（indmashare）以及行业内进口机器人企业的销售产值之和占行业销售总产值的比重（insaleshare）为核心解释变量，其余均与基准回归模型（4-2）相同，估计结果如表4-15所示。可以看出，企业出口产品多元化指数和出口产品种类数目的行业机器人使用强度的估计系数均在1%的水平上显著为负，表明企业机器人应用导致的市场竞争增强对行业内其他未使用机器人的企业出口产品多元化存在显著的负向抑制作用，与预期相同。

表4-15　工业智能化引致的水平溢出效应

	（1）	（2）	（3）	（4）
Panel A. 被解释变量为出口产品多元化指数（*div*）				
lnindrobotsvalue	−0.004*** （0.000）			
lnindrobotsquantity		−0.001*** （0.001）		

（续表）

	（1）	（2）	（3）	（4）
indmashare			−0.111*** （0.034）	
indsaleshare				−0.195*** （0.007）
控制变量	是	是	是	是
固定效应	是	是	是	是
样本量	470,540	470,540	470,539	470,540
R^2/Pseudo R^2	0.0463	0.1523	0.1523	0.0459
Panel B. 被解释变量为出口产品种类数目（*variety*）				
ln*indrobotsvalue*	−0.003*** （0.001）			
ln*indrobotsquantity*		−0.001* （0.000）		
indmashare			−1.473*** （0.223）	
indsaleshare				−0.301*** （0.060）
控制变量	是	是	是	是
固定效应	是	是	是	是
样本量	470,543	470,543	470,543	470,543
R^2/Pseudo R^2	0.0467	0.0467	0.0468	0.0468

　　我们进一步基于企业所有制角度考察了工业智能化的水平溢出效应，估计结果如表4-16所示。结果显示，不论是出口产品多元化指数还是出口产品种类数目，工业智能化对行业内未进口机器人的外资企业和国有企业出口产品多元化水平没有显著的影响，对未进口机器人的民营企业出口产品多元化水平具有显著的负向抑制作用。可能的原因在于工业智能化显著提高了企业生产率水平，同时促使该企业抢占行业内未使用机器人企业的市场份额（Bonfiglioli 等，2020），导致行业内竞争压力加大，进而可能会使得经营实力有限的民营企业放弃研发创新，缩减出口产品范围。上述结果表明智能化引致的竞争效应对企业出口产品多元化存在负外部性，该负外部性主要来源于民营企业。结合前文中的异质性分析，工业智能化有助于外资企业出口产品多元化水平提高，但降低了行业内

未使用机器人的民营企业出口产品多元化水平，这将使得行业内企业间抵御外部冲击的能力差距拉大，创新资源配置的不平等态势逐渐凸显。

表4-16　不同所有制企业的水平溢出效应

	（1）	（2）	（3）	（4）	（5）	（6）
	国有企业		民营企业		外资企业	
	div	*variety*	*div*	*variety*	*div*	*variety*
ln*indrobotsvalue*	0.001 （0.001）	0.006 （0.004）	−0.001*** （0.000）	−0.004** （0.002）	−0.000 （0.000）	0.000 （0.001）
控制变量	是	是	是	是	是	是
固定效应	是	是	是	是	是	是
样本量	19,520	19,544	194,599	194,614	244,954	244,968
R^2/Pseudo R^2	0.1961	0.0832	0.1181	194,614	0.1971	0.0542

第五节　本章小结

在实施贸易多元化战略的背景下，本章以企业出口产品多元化为落脚点，借助2000—2013年中国工业企业数据库和中国海关数据库，将首次进口工业机器人的企业视为处理组、从未进口过工业机器人但进口普通资本品的企业视为控制组，采用按照年份逐层进行倾向得分匹配并运用双重差分法进行工业智能化与中国企业出口产品多元化的因果关系检验，并进一步分析内在影响机制。本章的主要发现是：（1）不论是采用出口产品多元化指数还是出口产品种类数目衡量企业出口产品多元化水平，工业智能化均显著提高了中国企业出口产品多元化水平，且这一促进效应在企业首次进口机器人当年显著，第二年达到最大，随后逐渐减小，在进口后的第五年完全消失。在考虑平行趋势检验，替换被解释变量，剔除贸易中介商和机器人制造商，控制其他外生冲击，改变匹配协变量、处理组、匹配比例以及方法后，这一核心结论并未发生改变，依然稳健。（2）从异质性分析结果来看，相比于其他对应类型企业，工业智能化对中国企业出口产品多元化的提升效应主要集中于非国有企业、一般贸易企业以及高竞争行业企业。(3)影响机制结果表明,工业智能化对中国企业出口产品多元化的促进作用主要是通过提高企业生产率、扩大企业市场份额、增加高质量中间品进口来实现的,而工业智能化并未对企业生产成本产生明显的影响。(4)在拓展分析部分,我们发现工业智能化存在水平溢出效应。智能化导致的市场竞争增强会对行业内其他未使用机器人的企业出口产品多元化产生显著的负向抑制作用,该负外部性主要来源于民营企业,这一结果意味着工业智能化促使行业内企业间抵御外部冲击的能力差距拉大,创新资源配置的不平等态势逐渐凸显。

当前中国正处于出口结构转型升级的关键时期,应充分利用机器人、人工智能等前沿技术做大做强出口企业。本章的研究结论从实证层面佐证了大力推动智能制造政策具备战略上的正确性,也为如何提升我国企业出口产品多元化水平提供了新的视角。

第五章 工业智能化、上下游产业关联与中国企业出口产品质量

第一节 理论分析与研究假说

为探究工业智能化如何对企业出口产品质量产生影响，本章在Baldwin 和 Harrigan（2011）垄断竞争模型基础上，借鉴 Fan 等（2015）解释进口中间品质量对企业出口价格影响的模型，构建了一个包含中间投入品质量在内的分析框架。

1. 消费者行为

假定消费者效用取决于产品消费数量和产品质量，代表性消费者的效用函数为不变替代弹性（CES）形式：

$$U = \left\{ \int_{j \in \Omega} \left[x_j \lambda_j \right]^{\frac{\sigma-1}{\sigma}} \mathrm{d}j \right\}^{\frac{\sigma}{\sigma-1}} \qquad (5-1)$$

其中，Ω 表示最终产品集合，x_j 表示消费者购买的最终产品 j 的数量，λ_j 表示最终产品 j 的质量，$\sigma > 1$ 表示不同产品间的替代弹性。出口目的地代表性消费者的预算约束为：

$$E = \int_{j \in \Omega} p_j x_j \mathrm{d}j \qquad (5-2)$$

其中，E 表示出口目的地的总支出，p_j 表示最终产品 j 的价格。在既

定的预算支出下，根据消费者效用最大化可以得到出口目的地代表性消费者对最终产品 j 的需求函数：

$$x_j = p_j^{-\sigma} \lambda_j^{\sigma-1} \frac{E}{P^{1-\sigma}} \tag{5-3}$$

其中，$P = \left\{ \int_{j \in [n]} p_j^{1-\sigma} \lambda_j^{\sigma-1} \mathrm{d}j \right\}^{1/1-\sigma}$ 为消费者面临的经质量调整后的总价格指数。

2. 生产者行为

假设每个企业生产一种产品，且产品间具有差异性。参考樊海潮等（2020）的研究，假设企业在生产质量为 λ 的单位产品时不仅需要投入劳动力，还需要投入上游行业的中间品，生产函数为柯布－道格拉斯（Cobb–Douglas）形式：

$$\lambda = \left(\varphi e^{\beta} \lambda_m^{1-\beta} \right)^{\frac{1}{\alpha}} \tag{5-4}$$

其中，$\varphi > 0$ 表示企业生产率水平；e 表示最终品生产过程中劳动投入质量，即生产最终品时员工的努力程度；λ_m 表示中间投入品质量；β 和 $1-\beta$ 分别刻画劳动力和中间投入品的产出弹性，在这里 $0 < \beta < 1$；α 为边际成本对产品质量的替代弹性。

为了简化分析，我们假定员工努力程度即劳动投入质量与其工资成正比：$e = w/\kappa$。$\kappa > 0$ 为常数，w 是员工付出努力所获得的报酬。参考 Kugler 和 Verhoogen（2012）的研究，进一步假定中间投入品市场完全竞争，忽略中间品进口关税，中间投入品质量 λ_m 依赖于中间品生产者的生产率水平 $1/a_m$ 和其劳动投入质量 e_m。这样，中间品生产者的生产函数为：

$$\lambda_m = \frac{e_m}{a_m} \tag{5-5}$$

据此，根据利润最大化，可以得知质量为 λ_m 的中间投入品价格 $p_m(\lambda_m) = \kappa a_m \lambda_m$，换言之单位质量的中间投入品价格为 $p_m = \kappa a_m$。给定工人付出单位努力程度所获得的报酬 κ 以及单位质量中间投入品价格 p_m，根据生产函数（5-4）和成本最小化的一阶条件，得到企业生产质量为 λ 的单位最终产品的边际成本函数：

$$MC = \frac{\kappa^{\beta}\left(\kappa a_m\right)^{1-\beta}}{\varphi\beta^{\beta}\left(1-\beta\right)^{1-\beta}}\lambda^{\alpha} = \left(\frac{c}{\varphi}\right)\lambda^{\alpha} \tag{5-6}$$

其中，$c = \dfrac{\kappa^{\beta}\left(\kappa a_m\right)^{1-\beta}}{\beta^{\beta}\left(1-\beta\right)^{1-\beta}} > 0$ 为常数。假设企业固定成本包括生产固定成本 $f_d\lambda^{r}$ 和出口固定成本 f_{export}，即 $F = f_{export} + f_d\lambda^{r}$。其中，$f_d$ 为常数，$\gamma > (1-\alpha)(\sigma-1)$ 表示生产固定成本对最终产品质量的弹性。

3. 工业智能化与企业出口产品质量

根据企业生产成本和需求函数，企业生产最终产品所获得的利润：

$$\pi = (p - MC)\cdot p^{-\sigma}\lambda^{\sigma-1}\frac{E}{P^{1-\sigma}} - f_{export} - f_d\lambda^{r} \tag{5-7}$$

根据利润最大化的一阶条件，最终得出企业出口产品质量的决定方程：

$$\lambda = \left[\frac{1-\alpha}{\gamma f_d}\left(\frac{\sigma-1}{\sigma}\right)^{\sigma}\left(\frac{\varphi}{c}\right)^{\sigma-1}\frac{E}{P^{1-\sigma}}\right]^{\frac{1}{\tau}} \tag{5-8}$$

其中，$\tau = \gamma - (1-\alpha)(\sigma-1) > 0$。根据式（5-8）可以看出，企业生产率 φ 会直接影响产品质量 λ。进一步，将 λ 对 φ 求偏导可得：

$$\frac{\partial\lambda}{\partial\varphi} = \frac{1}{\tau}\left[\frac{1-\alpha}{\gamma f_d}\left(\frac{\sigma-1}{\sigma}\right)^{\sigma}\left(\frac{1}{c}\right)^{\sigma-1}\frac{E}{P^{1-\sigma}}\right]^{\frac{1}{\tau}}\cdot\varphi^{\frac{1}{\tau}-1} > 0 \tag{5-9}$$

式（5-9）显示，企业生产率提高可以提升出口产品质量。李磊和徐大策（2020）使用 2000—2013 年中国制造业数据，以企业是否进口机器人作为机器人使用的代理变量，研究发现采用机器人的企业与未采用的相比，劳动生产率要高 7.45%。Cheng 等（2019）、Bonfiglioli 等（2020）、Koch 等（2019）、李磊等（2021）等研究亦发现了机器人应用对企业生产率的提升效应。据此得到假说 5.1。

假说 5.1：工业智能化有助于提高企业出口产品质量。

在理论模型的基础上，本章进一步从上下游产业关联的角度分析工业智能化对企业出口产品质量的具体作用机制，即工业智能化可能通过行业间前向关联渠道和后向关联渠道影响企业出口产品质量。一方面，上游行业为下游企业生产提供中间投入品，由式（5-4）可知中间投入品质量上升会直接促进企业出口产品质量提升，即$\partial\lambda/\partial q>0$。而工业智能化能够实现产品精度和科技水平的提高。以广东交通集团引进全套钢筋加工智能机器人为例，以往采用手工焊接的生产方式容易出现气泡多、外观差、缝隙多等缺陷，而在使用智能机器人生产线后不仅能将加工精度误差控制在毫米级，还通过传感器定位极大地提升了焊接质量[①]。因此，上游行业的工业智能化为下游企业提供了更为优质的中间投入品，有助于下游企业出口产品质量提高。另一方面，工业智能化有助于降低企业生产的可变成本，使得受智能制造技术影响的产品价格下降（Bonfiglioli等，2020；王永钦和董雯，2020），这会进一步降低下游企业生产成本，提高下游企业利润，促使其具有更充足的资金开展研发创新、员工培训等活动，有利于提高下游企业产品质量。此外，上游行业工业智能化显著降低了上游行业的劳动力就业水平，导致在智能制造广泛应用过程中所受负面冲击较大的低技能劳动力群体向其重要下游行业转移（孔高文等，2020），降低了下游企业的员工技能结构，这将阻碍下游企业产品质量提升。因此，上游行业工业智能化对下游企业出口产品质量的影响取决于上述三种因素的综合作用，考虑到劳动力挤出效应对下游企业产品质量的影响相对较小，总体上上游行业工业智能化对下游企业出口产品质量的提升作用将占优。由此，得到假说5.2。

假说5.2：工业智能化通过行业间前向关联渠道促进了下游企业出口产品质量提升。

对于行业间后向关联渠道，下游行业工业智能化主要通过如下方式影响上游企业的出口产品质量。首先，下游行业工业智能化的广泛应用对中间投入品质量水平提出了较高的要求（Destefano等，2019），这将倒逼上

[①] 资料来源：《广东交通引进智能机器人，实现"毫米级"钢筋构件精度误差》，《羊城晚报》2020年7月23日。

游企业进行技术创新，从而有助于上游企业出口产品质量提升。其次，由于下游企业对上游企业不存在垄断竞争的动机，二者在生产过程中具有一定的协同性，这导致下游企业对上游企业的中间投入品生产进行一定程度的指导，以期所获得的中间品能够最大程度地匹配到自动化生产过程中，避免不必要的产能消耗和产品缺陷。在这个过程中，下游企业对上游企业的技术外溢效应有利于上游企业提高其产品质量。不可忽视的是，下游行业工业智能化对上游企业出口产品质量的促进作用需要与企业自身相符的技术水平作为支撑。与投资较少、技术含量较低的劳动密集型企业相比，技术密集型企业和资本密集型企业更愿意进行"倒逼式创新"，同时具备一定的试错能力。此外，这类企业往往具有更高的吸收能力，进而能够在技术外溢效应中获取更多。由此，得到假说3。

假说3：工业智能化通过行业间后向关联渠道促进了上游企业出口产品质量提升，但这种促进作用与企业要素密集度密切相关。

第二节　实证研究设计

一、计量模型设定

为考察同行业、上游行业、下游行业的工业智能化对中国企业出口产品质量的影响，本章在理论分析的基础上将基准计量回归模型设定如下：

$$quality_{ikct} = \alpha_0 + \alpha_1 \ln rb_{jt} + \alpha_2 \ln rbup_{jt} + \alpha_3 \ln rbdown_{jt} + \gamma X_{ijt} + \mu_i + \mu_k + \mu_{ct} + \mu_t + \varepsilon_{ikct}$$

（5-10）

其中，下标 i、j、k、c、t 分别表示企业、两位码行业、HS6 位码产品、出口目的地以及年份。$quality$ 表示 t 年企业 i 出口到国家 c 的 HS6 位码产品 k 的质量，$\ln rb$、$\ln rbup$、$\ln rbdown$ 分别表示 t 年企业 i 所属行业 j、行业 j 上游行业、行业 j 下游行业的工业机器人使用密度。为避免缺失重要解释变量所引致的有偏估计问题，还加入了一系列其他控制变量 X，包括：（1）企业全要素生产率（tfp），参考刘莉亚等（2018）采用 LP 方法进行估计，以企业员工数目代表劳动投入，固定资产账面价值代表资本投入，上市公司固定资产折旧、劳动者报酬、生产税和营业盈余四项之和代表增加值，而中间投入等于上市公司销售额减去增加值。资本投入采用固定资产投资指数进行平减，销售额采用工业生产者出厂价格指数进行平减，将上述变量调整为以 2005 年为基期。（2）企业资本劳动密集度（kl），用企业固定资产净值除以年末员工人数表示。（3）企业利润率（$profit$），用上市公司年末利润总额与主营业务收入的比值表示。（4）企业融资能力（$finance$），用应付利息与主营业务收入的比值表示。（5）企业规模（$size$），用企业年末员工数量表示。（6）企业年龄（age），用观测年份减去成立年份加 1 表示。（7）行业市场集中度（HHI），采用行业的赫芬达尔指数来衡量，为企业的主营业务收入占企业所在行业的主营业务收入的比重。回归中控制了企业、产品、出口目的地－年份以及年份固定效应，并将标准误聚类到企业层面。

二、核心指标构建

1. 企业出口产品质量

本章借鉴 Khandelwal 等（2013）的方法，通过需求函数倒推产品质量，具体测算过程见第二章。图 5-1 绘制出了 2000—2015 年中国制造业细分行业的出口产品质量均值变化。如图所示，中国企业出口产品质量的行业间差异较大。其中酒、饮料和精制茶制造业（15）是出口产品质量最低的行业，仅为 0.274；通用设备制造业（35）是最高的行业，出口产品质量为 0.803。

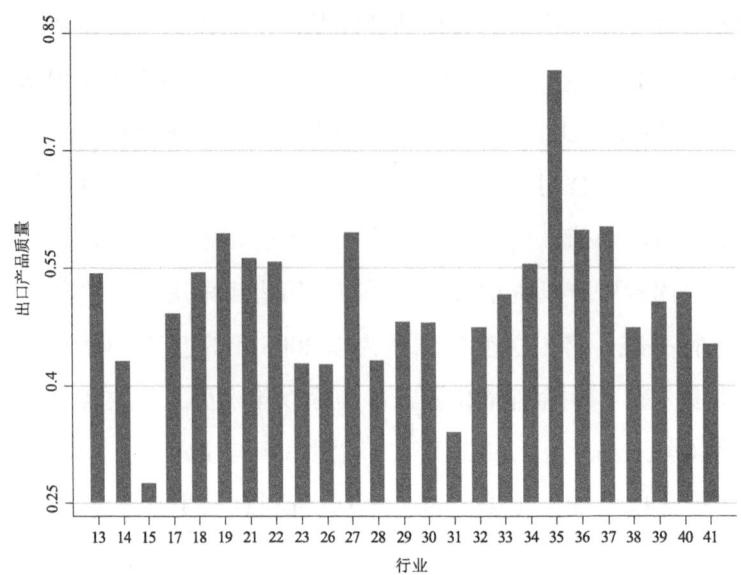

图 5-1　2000—2015 年中国制造业细分行业的出口产品质量均值

注：图 5-1 中的行业分类为 CIC-2 位码行业，包括 25 个制造业细分行业。具体来看，13 为农副食品加工业，14 为食品制造业，15 为饮料制造业，17 为纺织业，18 为纺织服装、鞋、帽制造业，19 为皮革、毛皮、羽毛（绒）及其制品业，21 为家具制造业，22 为造纸及纸制品业，23 为印刷业和记录媒介的复制，26 为化学原料及化学制品制造业，27 为医药制造业，28 为化学纤维制造业，29 为橡胶制品业，30 为塑料制品业，31 为非金属矿物制品业，32 为黑色金属冶炼及压延加工业，33 为有色金属冶炼及压延加工业，34 为金属制品业，35 为通用设备制造业，36 为专用设备制造业，37 为交通运输设备制造业，38 为汽车制造业，39 为电气机械及器材制造业，40 为通信设备、计算机及其他电子设备制造业，41 为仪器仪表及文化、办公用机械制造业。

数据来源：作者根据相关测算结果绘制而成。

2. 行业内的工业机器人使用密度

本章借鉴 Graetz 和 Michaels（2018）的做法，采用每百万小时工作的工业机器人数量（the stock of robots per million hours worked）来衡量各企业所在细分行业的工业机器人使用密度（rb），具体测度公式如下：

$$robots_{jt} = 0.9 \times operationalstock_{jt-1} + installations_{jt} \qquad （5-11）$$

$$rb_{jt} = \frac{robots_{jt}}{workinghours_{j,2005}} \qquad （5-12）$$

式（5-11）中，参照 Graetz 和 Michaels（2018）的方法，设定固定

资产即工业机器人的年折旧率为 10%。由于中国从 2006 年开始逐步使用工业机器人，因此本章以 2005 年为基期。$operationalstock_{jt-1}$ 表示 $t-1$ 年中国行业 j 的工业机器人存量，$installations_{jt}$ 表示 t 年中国行业 j 的工业机器人新增安装量，$robots_{jt}$ 则为 t 年中国行业 j 的工业机器人使用数量。式（5-12）中，rb_{jt} 表示 t 年中国行业 j 的工业机器人使用密度，$workinghours_{j,2005}$ 表示 2005 年（基期）中国行业 j 所有企业的员工工作时长（百万小时），数据来源于 WORLD KLEMS 数据库。

图 5-2 绘制了 2006—2015 年中国工业机器人使用密度年均值的变化趋势。可以看出，在 2006 年中国工业机器人使用密度基本为 0，随后呈现出逐年上升的态势，尤其是在 2013 年以后增长速度加快，2015 年工业机器人使用密度为 0.748 台 / 每百万小时。图 5-3 绘制了中国分行业的工业机器人使用密度情况。如图 5-3 所示，中国各制造业细分行业间的工业机器人使用密度差异较大，其中机器人使用密度最低的行业是纺织业（8-10），每百万小时工作的机器人数量约为 0.0006 台；最高的行业是汽车以及其他交通业（23），机器人使用密度约为 2.0021 台 / 每百万小时。

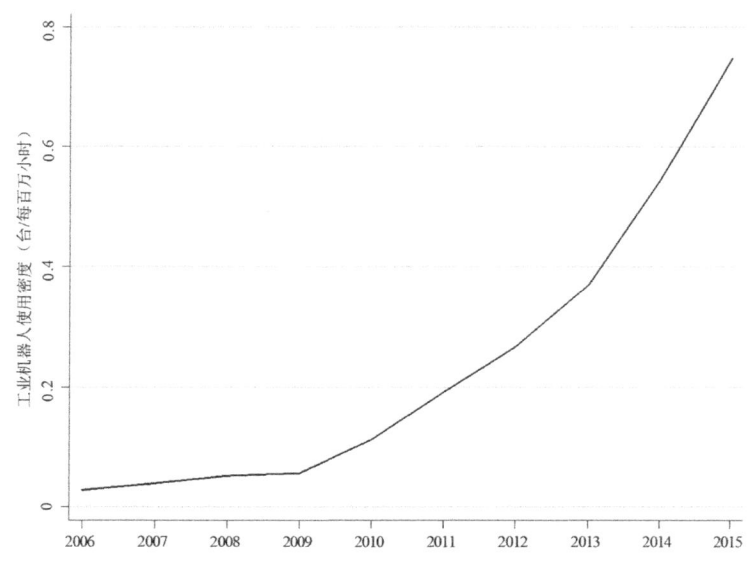

图 5-2　2000—2015 年中国机器人使用密度变化趋势

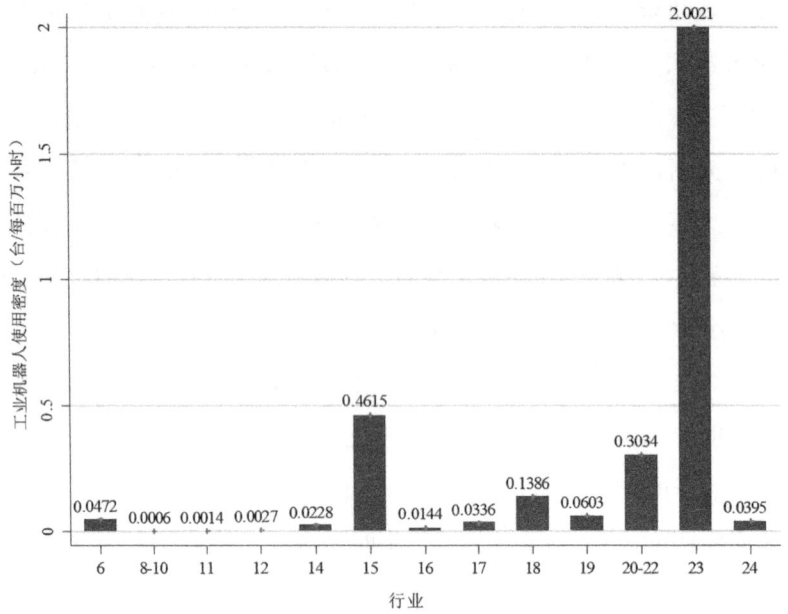

图5-3 中国制造业细分行业机器人使用密度均值

注：图5-3中的行业分类为IFR行业分类与WORLD KLEMS行业分类匹配后的结果，共13个制造业细分行业。具体来看，6为食品和饮料业，8-10为纺织业，11为木材和家具业，12为造纸业，14为化学制品业，15为橡胶和塑料业，16为玻璃等矿物制品业，17为基本金属业，18为金属制品业，19为工业机械制造业，20-22为电气电子制造业，23为汽车以及其他交通业，24为其他制造业。

数据来源：作者根据相关测算结果绘制而成。

3. 前向关联渠道的工业机器人使用密度

借鉴Wang等（2018）对来自中国进口竞争的上游影响渠道和下游影响渠道的度量，本章将上文度量的工业机器人使用密度与投入产出关系相结合，对中国制造业上游行业的工业机器人使用密度进行度量。具体而言，基于中国投入产出表中制造业各行业的投入产出关系，以行业 j 向上游行业 $\bar{j}$ 购买中间投入品占行业 j 向所有上游行业购买的中间投入品总和的比值为权重，将行业 j 所有上游行业的工业机器人使用密度加权平均，从而得到前向关联渠道的工业机器人使用密度（$rbup$），测算公式如下：

$$rbup_{jt} = \sum_{\bar{j}, \bar{j} \neq j} \omega_{j, \bar{j}} \times rb_{\bar{j}t} \qquad (5-13)$$

其中，行业$\bar{j}$是企业i所在行业j的上游行业，$\omega_{j, \bar{j}}$表示权重，$rb_{\bar{j}t}$表示t年上游行业$\bar{j}$的机器人使用密度。将前向关联渠道的工业机器人使用密度按年份平均，进而绘制出2006—2015年前向关联渠道的中国工业机器人使用密度，如图5-4所示。可以看出，在样本期内前向关联渠道的工业机器人使用密度整体呈逐年递增的趋势，2015年为0.435台/每百万小时。此外，在2006—2009年间，前向关联渠道的工业机器人使用密度大于行业内机器人使用密度，2009年后行业内机器人使用密度超过前向关联渠道，二者之间的差距逐渐拉大。

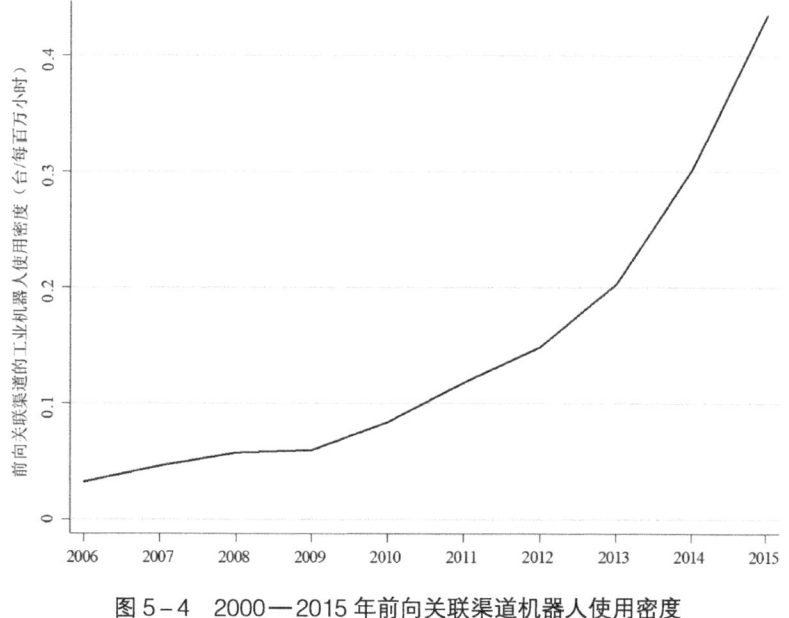

图5-4　2000—2015年前向关联渠道机器人使用密度

图5-5绘制了中国分行业的前向关联渠道工业机器人使用密度。由图可知，前向关联渠道的工业机器人使用密度的行业间差异同样较大。其中，最高的行业是基本金属业（17），上游制造业行业的工业机器人使用密度为0.239台/每百万小时；最低的行业为橡胶和塑料业（15），上游制造业行业的工业机器人使用密度为0.052台/每百万小时。对比行

业内的工业机器人使用密度和前向关联渠道的工业机器人使用密度，我们发现二者行业间纵向差异较大，具体表现为：（1）汽车及其他交通业（23）的工业机器人使用密度最大（2.002 台 / 每百万小时），但基于投入产出关系测算出的其上游行业的工业机器人使用密度则较小，仅为 0.127 台 / 每百万小时；（2）橡胶和塑料业（15）的工业机器人使用密度仅次于汽车及其他交通业，为 0.462 台 / 每百万小时，但其上游行业的工业机器人使用密度最小（0.052 台 / 每百万小时）；（3）相反，对于纺织业（8-10）、木材和家具业（11）、造纸业（12）来说，行业内机器人使用密度均小于 0.01 台 / 每百万小时，但其上游行业机器人使用密度较大，均大于0.11 台 / 每百万小时。

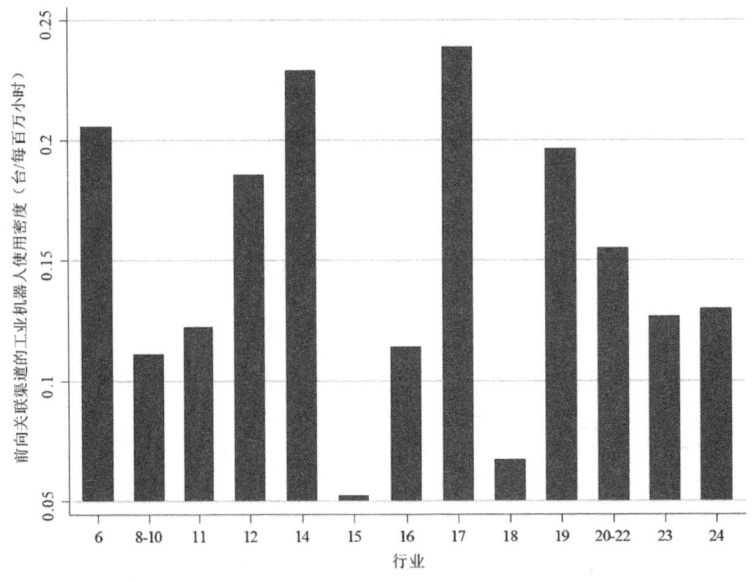

图 5-5　分行业前向关联渠道机器人使用密度均值

注：图 5-5 中的行业分类为 IFR 行业分类与 WORLD KLEMS 行业分类匹配后的结果，共13 个制造业细分行业。具体来看，6 为食品和饮料业，8-10 为纺织业，11 为木材和家具业，12为造纸业，14 为化学制品业，15 为橡胶和塑料业，16 为玻璃等矿物制品业，17 为基本金属业，18 为金属制品业，19 为工业机械制造业，20-22 为电气电子制造业，23 为汽车以及其他交通业，24 为其他制造业。

数据来源：作者根据相关测算结果绘制而成。

4. 后向关联渠道的工业机器人使用密度

行业 j 向所有下游行业提供的中间投入品中下游行业 j 所占份额作为权重，将行业 j 所有下游行业的工业机器人使用密度加权平均，从而得到后向关联渠道的工业机器人使用密度（ $rbdown$ ），测度公式如下：

$$rbdown_{jt} = \sum_{\underline{j,j \neq j}} \omega_{j,j} \times rb_{jt} \qquad （5-14）$$

其中，行业 j 是企业 i 所在行业 j 的下游行业， $\omega_{j,j}$ 为权重， rb_{jt} 表示 t 年下游行业 j 的机器人使用密度。将后向关联渠道的工业机器人使用密度按年份平均，进而绘制出 2006—2015 年后向关联渠道的中国工业机器人使用密度，如图 5-6 所示。可以看出，在样本期内后向关联渠道的工业机器人使用密度同样呈现出逐年递增的趋势，2015 年每百万小时的工业机器人数量达到 0.905 台。在 2006—2012 年间，后向关联渠道的工业机器人使用密度与行业内机器人使用密度差距较小，2012 年后二者之间的差距拉大，后向关联渠道的工业机器人使用密度明显大于行业内。

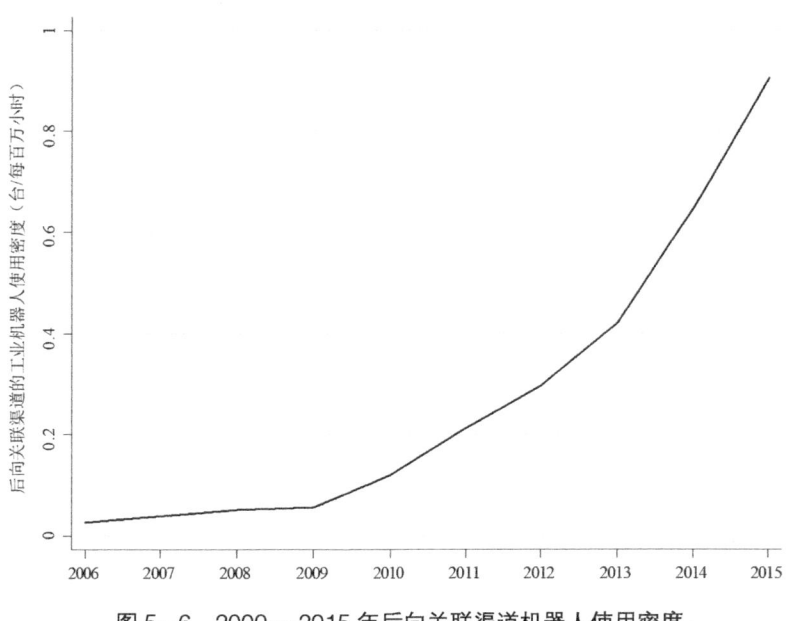

图 5-6　2000—2015 年后向关联渠道机器人使用密度

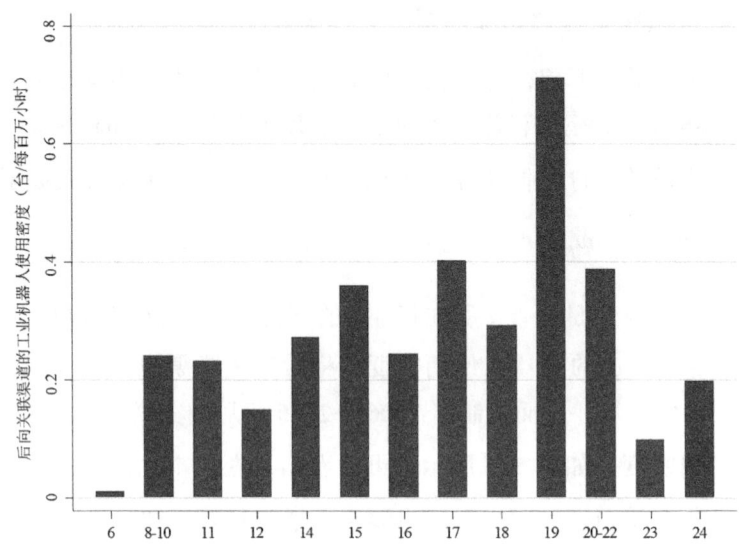

图5-7　分行业后向关联渠道机器人使用密度均值

注：图 5-7 中的行业分类为 IFR 行业分类与 WORLD KLEMS 行业分类匹配后的结果，共 13 个制造业细分行业。具体来看，6 为食品和饮料业，8-10 为纺织业，11 为木材和家具业，12 为造纸业，14 为化学制品业，15 为橡胶和塑料业，16 为玻璃等矿物制品业，17 为基本金属业，18 为金属制品业，19 为工业机械制造业，20-22 为电气电子制造业，23 为汽车以及其他交通业，24 为其他制造业。

数据来源：作者根据相关测算结果绘制而成。

图 5-7 绘制了中国分行业的后向关联渠道工业机器人使用密度。其中，最高的行业是工业机械制造业（19），下游行业的每百万小时工作的工业机器人数量为 0.714 台；最低的行业是食品和饮料业（6），下游行业的每百万小时工作的工业机器人数量仅为 0.010 台，各行业间的后向关联渠道工业机器人使用密度同样较大。我们再次对比行业内的工业机器人使用密度和后向关联渠道的工业机器人使用密度，发现二者行业间纵向差异同样较大，具体表现为：（1）相比于行业内工业机器人使用密度最大的汽车及其他交通业（23），其下游行业的工业机器人使用密度仅为 0.098 台 / 每百万小时，仅高于食品和饮料业（6）；（2）工业机械制造业（19）的下游行业机器人使用密度最高，但其行业内工业机器人使用密度仅为 0.060 台 / 每百万小时，二者之间相差 0.654 台 / 每百万小时。

鉴于此，考虑到上下游产业的工业机器人使用密度对企业出口产品质量的影响同样是非常重要的，且上下游行业机器人使用密度与行业内机器人使用密度差异较大，本章从上下游产业关联的视角，就工业智能化对中国企业出口产品质量的影响进行深入分析，考察这种影响是否因同行业和跨行业的差异而有所不同，有利于从整体上评估工业智能化对中国企业出口产品质量的影响。

三、数据来源与描述性统计

考虑到中国从 2006 年才开始逐步使用工业机器人，同时受微观数据可获得性的限制，本章的数据跨度为 2006—2015 年。行业层面的工业机器人数据来源于国际机器人联盟数据库，该数据库提供了 1993—2019 年全球近 100 个国家或地区的工业机器人安装量和保有量。鉴于机器人在中国主要应用于制造业部门尤其是汽车制造业领域，而农业和服务业部门的工业机器人使用量较少且仅涵盖部分行业，因此本章仅保留制造业行业的中国机器人数据。

行业层面的员工工作时长总数数据来源于 WORLD KLEMS 数据库，该数据库由哈佛大学 Jorgenson 教授所倡导而成立，提供了欧盟、美国、中国等大多数国家详细的行业层面投入产出数据。由于国际机器人联盟行业分类、WORLD KLEMS 行业分类与 2017 年国民经济行业分类的标准不一致，本章将三者进行匹配，最终计算出 13 个制造业细分行业的工业机器人使用密度。

本章选取 2002 年 42 部门间的中国投入产出表，计算出前向关联渠道和后向关联渠道中的固定投入产出系数，以避免权重内生变化。本章以 2006—2015 年中国沪深 A 股制造业上市公司为研究对象，相关企业数据来源于国泰安数据库（CSMAR）。参照以往文献，我们将股票交易被证监会特殊处理、从业人数小于 8 人、资不抵债的样本删除。此外，本章还使用了中国海关数据库来测算企业出口产品质量，并根据企业名称与年份将上市公司数据和中国海关数据进行一对一匹配，最终得到290,581 个企业 – 产品 – 出口目的地层面的观测值。表5-1 报告了主要变量的描述性统计。

表5-1　主要变量描述性统计

变量	指标	均值	最大值	最小值
quality	企业出口产品质量	0.426	1.000	0.000
ln*rb*	行业内的工业机器人使用密度	0.237	0.000	2.001
ln*rbup*	前向关联渠道的工业机器人使用密度	0.180	0.002	0.591
ln*rbdowm*	后向关联渠道的工业机器人使用密度	0.377	0.000	1.196
ln*tfp*	企业生产率	13.177	5.539	17.492
ln*kl*	企业资本劳动密集度	12.292	6.570	17.671
profit	企业利润率	0.079	0.000	2.044
finance	企业融资能力	0.002	0.000	2.176
ln*size*	企业规模	7.683	2.302	2.176
ln*age*	企业年龄	2.554	0.693	3.713
HHI	行业市场集中度	0.003	0.000	0.125

第三节　实证结果与分析

一、基准估计结果

为考虑行业内工业智能化对中国制造业企业出口产品质量的影响，本章采用 HDFE 高维固定效应的估计方法进行估计，基准回归结果如表5-2 所示。其中，列（1）在控制年份和企业固定效应的情况下仅将企业出口产品质量对行业内的工业机器人使用密度进行回归。结果显示，行业内工业机器人使用密度在 1% 水平上显著为正。列（2）进一步控制了产品和出口目的地 – 年份固定效应，从结果来看，行业内工业机器人使用密度的估计系数依然显著为正。列（3）在列（2）的基础上进一步加入了控制变量，从结果来看，行业内工业机器人使用密度的估计系数依然显著为正，且系数大小基本稳定。以列（3）的估计系数为例，行业内工业机器人使用密度每增加 10%，企业出口产品质量提高约 0.06%，这一结果与蔡震坤和綦建红（2021）的发现基本一致。以上分析表明，行业内工业智能化显著促进了该行业企业出口产品质量的提高。

表 5-2 工业智能化与企业出口产品质量

	（1）HDFE	（2）HDFE	（3）HDFE
ln*rb*	0.004*** （0.001）	0.005*** （0.001）	0.006*** （0.001）
ln*tfp*			0.406*** （0.030）
ln*kl*			0.009*** （0.003）
profit			0.006*** （0.002）
finance			0.029 （0.022）
ln*size*			−0.001 （0.001）
ln*age*			0.014*** （0.003）
HHI			−0.280*** （0.070）
年份固定效应	是	是	是
企业固定效应	是	是	是
产品固定效应	否	是	是
出口目的地–年份固定效应	否	是	是
样本量	264,720	264,656	264,656
R^2	0.282	0.292	0.295

注：括号内为聚类到企业层面的稳健标准误；***、**、* 分别表示 $p<0.01$、$p<0.05$ 和 $p<0.1$，下同。

二、引入前向关联和后向关联

基准回归中主要考察了工业智能化对行业内企业出口产品质量的影

响，但其实一个行业智能制造水平的提高不仅会影响到该行业内企业的产品质量，还可能会通过产业关联对上下游企业的产品质量产生影响。为了基于产业关联视角探讨工业智能化对行业间企业出口产品质量的垂直溢出效应，本章以行业内、行业间前向关联渠道和后向关联渠道的工业智能化作为核心解释变量对式（5-10）进行估计，回归结果如表5-3所示。结果显示，工业智能化所带来的出口产品质量提升效应主要来自行业内和行业间前向关联渠道，行业内工业机器人使用密度每增加10%，企业出口产品质量提高约0.44%；从上下游产业关联角度来看，上游行业的工业机器人使用密度每增加10%，下游企业出口产品质量提高约0.02%。由此可见，同行业内工业智能化对企业出口产品质量提升产生直接的促进作用，而跨行业渠道产生的质量提升效应相对较弱，特别是后向关联渠道，下游行业工业智能化对上游企业的倒逼式创新和技术溢出效应有限。鉴于此，要提升中国企业的出口竞争力，除了增加同行业的工业机器人数量外，更要构建中国制造业生产方面具有竞争力的上游供应体系，这对于中国实现出口贸易转型升级是尤为重要的。

表5-3 引入前向关联和后向关联

	（1）HDFE	（2）HDFE	（3）HDFE
lnrb	0.084***（0.011）	0.038***（0.009）	0.044***（0.009）
ln$rbup$	0.012***（0.001）	0.002*（0.001）	0.002**（0.001）
ln$rbdowm$	0.013***（0.003）	0.001（0.003）	−0.002（0.003）
lntfp			0.001（0.001）
lnkl			0.001**（0.001）
$profit$			0.007***（0.003）
$finance$			0.029（0.022）

（续表）

	（1） HDFE	（2） HDFE	（3） HDFE
ln*size*			−0.001 （0.001）
ln*age*			−0.013*** （0.003）
HHI			−0.180*** （0.055）
年份固定效应	是	是	是
企业固定效应	是	是	是
产品固定效应	否	否	是
出口目的地 – 年份固定效应	否	否	是
样本量	264,720	264,656	264,656
R^2	0.295	0.609	0.609

三、内生性处理与稳健性检验

1. 内生性处理

相较于自动化生产来说，人工生产的产品质量较低，导致产品质量越高的企业越有动力采用工业机器人，进而使得工业智能化与企业出口产品质量之间可能存在双向因果关系。为了解决可能存在的内生性问题，借鉴 Acemoglu 和 Restrepo（2020a）以及王永钦和董雯（2020）的做法，本章选取同时期各行业以及上下游行业的美国工业机器人使用密度，作为同行业和跨行业各渠道中国工业机器人使用密度的工具变量，采用工具变量高维固定效应法对式（5-10）进行重新估计，估计结果如表 5-4 列（1）所示。本章之所以选择同时期美国行业层面工业机器人使用密度构造工具变量，是因为中国制造与美国制造的强烈竞争使得中美之间在新生产技术和制造设备应用规模上具有很强的趋同性，满足工具变量的相关性假设，而美国工业机器人的使用密度又不会对中国企业出口产品质量产生直接影响，满足排他性假设。美国工业机器人使用密度通过了不可识别检验和弱工具变量检验，是有效的工具变量。在处理内生性问题后，行业内与上游行业工业智能化对企业出口产品质量的影响依然显著为正，且影响程度有所提高，下游行业的工业智能化对企业出口产品质量依然不存在显著影响。具体而言，平均来看，行业内工业机器人使用密度每增加 10%，该行业内企业的出口产品质量会上升 1.09%，而上游行业机器人使用密度上升 10%，企业出口产品质量将上升 0.10%。以上结果表明，在借助工具变量对回归方程进行重新估计后，本章得到的结论并未改变，具有很好的稳健性。

此外，由于本章仅使用出口企业样本分析工业智能化对企业出口产品质量的影响，可能存在样本选择偏误问题。对此，本章采用 Heckman 两步法处理潜在的样本选择性偏误问题。首先，根据企业层面数据构建 Probit 企业出口参与决策模型，解释变量与基准回归相同。然后，将估计出的逆米尔斯比率匹配至企业 – 产品 – 出口目的地层面，并代入基准回归模型。结果显示，逆米尔斯比率的估计系数不显著，说明本章不存在样本选择偏误。

2. 稳健性检验

为了确保研究结论的稳健性，我们采取了一系列的稳健性检验，估计结果报告如表 5-4 所示。稳健性检验的具体操作如下：（1）在前文测算企业出口产品质量时，我们将产品间替代弹性设定为 4，在此部分借鉴 Fan 等（2015）的做法，令替代弹性取值为 5，重新测算企业出口产品质量，估计结果如表 5-4 列（2）所示。此外，本章还采用出口产品价格作为被解释变量，估计结果如列（3）所示。从结果来看，行业内与行业间前向关联渠道的机器人使用密度的估计系数依然显著为正，说明同行业和上游行业的工业智能化增加有利于促使出口产品质量升级这一结论是稳健的。（2）参照 Acemoglu 和 Restrepo（2020a）的方法，采用行业层面工业机器人存量与基期（2004 年）同行业劳动力就业人数的比值，衡量行业层面的工业机器人使用密度，并重新计算出行业间各渠道的机器人使用密度，行业层面的劳动力就业人数来自第一次全国经济普查。在此基础上进行回归，估计结果如表 5-4 列（4）所示。结果显示，同行业和前向关联渠道的估计结果仍然显著为正，后向关联渠道的估计结果仍然在统计上不显著，进一步表明了本章结论的稳健性。（3）控制其他影响企业出口质量的因素。本章从上下游产业关联的视角分析工业智能化与企业出口产品质量的因果关系，但是同时期除了由工业智能化水平提高所导致的出口产品质量变化之外，可能还存在其他影响因素导致产品质量变化。外资管制放松可以通过投资、市场竞争等渠道影响东道国企业出口产品质量（Anwar 和 Sun，2017；李瑞琴等，2018），我们采用行业内外资企业数量的对数值，衡量外资管制程度，并加入回归方程。进口关税削减，尤其是中间品关税削减会通过影响企业进口中间品种类和质量、自主创新能力、员工技能结构等，对企业出口产品质量产生较大冲击（Bas 和 Strauss-Kahn，2015；石小霞和刘东，2019；宋跃刚和郑磊，2020），我们借鉴 Liu 和 Qiu（2016）的方法，采用各行业间的投入产出关系和中国最终品进口关税数据，构建出 CIC-2 位数层面的中间品进口关税指标，将 CIC-2 位数层面的中间品进口关税和最终品进口关税指标与 WORLD KLEMS 行业匹配后加入基准回归模型，估计结果如表 5-4 列（5）所示。结果显示，企业所在行业的外资管制放松与企业出口产品质量之间呈显著的负向关系，中间品关税削减显著促进了企业出口产品质量的提升，而最终品关税削减不显著。在控制这些因素后，行业内和行业间各渠道工业智能化对企业出口产品质量的影响并未发生明显变化，进一步表明了本章结论的稳健性。（4）更换研究维度。本章的研究是在企业 – 产品 – 目的国层面，我们进一步将产品质量分别加权平均至企业 – 产品层面和企业层面进行重新估计。如表 5-4 列（6）和列（7）所示，同行业和前向关联渠道的估计结果仍然显著为正，后向关联渠道的估计结果仍然不显著，进一步表明了本章结论的稳健性。

表 5-4　内生性处理与稳健性检验

	（1）	（2）	（3）	（4）	（5）	（6）	（7）
	IV-HDFE	$\sigma=5$	出口产品价格	机器人使用密度	控制其他影响因素	企业 – 产品层面	企业层面
lnrb	0.109***	0.105***	4.357***	0.022***	0.051***	0.020***	0.033**
	（0.037）	（0.036）	（0.742）	（0.004）	（0.009）	（0.006）	（0.015）
lnrbup	0.010***	0.010***	0.157***	0.007***	0.003***	0.006***	0.012*
	（0.002）	（0.002）	（0.045）	（0.001）	（0.001）	（0.001）	（0.006）
lnrbdown	−0.004	−0.004	0.088	−0.004	0.001	−0.005	−0.012
	（0.007）	（0.007）	（0.144）	（0.003）	（0.003）	（0.006）	（0.015）
外资管制放松					−0.004***		
					（0.001）		
最终品进口关税					0.040		
					（0.069）		
中间品进口关税					0.043**		
					（0.020）		
不可识别检验	1562.157***						
弱工具变量检验	1198.902***						
控制变量	是	是	是	是	是	是	是
固定效应	是	是	是	是	是	是	是
样本量	264,656	264,656	264,656	264,656	264,656	25,707	4,151
R^2	0.413	0.631	0.805	0.609	0.609	0.935	0.824

注：固定效应包括年份固定效应、企业固定效应、产品固定效应以及出口目的地 – 年份固定效应；不可识别检验为 Kleibergen–Paap rk LM 统计量；弱工具变量检验为 Kleibergen–Paap Wald rk F 统计量。

四、异质性分析

1. 基于企业所有制

行业内和行业间工业智能化对企业出口产品质量的促进作用是否会受到所有制类型的影响？为检验这一点，本章将企业分为国有企业、外资企业以及民营企业三类，分别进行回归，估计结果如表 5-5 列（1）至列（3）所示。结果显示，同行业工业智能化通过提高企业生产率、水平技术溢出等渠道，对外资企业以及民营企业的产品质量升级效应明显，但对国有企业没有显著影响。行业间前向关联渠道工业智能化通过提升中间投入品质量、技术溢出等，对下游企业出口产品质量的促进作用主要体现在外资企业和民营企业上，对民营企业的影响较小，对国有企业不存在显著影响，这主要与各类企业的资源配置效率和技术吸收能力有关。

具体地，对于国有企业而言，一方面尽管早在1978年就开始实施的国企改革使得其"铁饭碗"的用工制度被逐渐打破，但仍然承担着"稳就业"的职责，导致其无法通过低技能劳动力的替代和生产率提高来实现企业产品质量的提升。另一方面，国有企业行业间投入产出关联度较弱以及由于历史文化原因导致的其技术吸收能力和学习意愿较低，使得跨行业工业智能化对国有企业产品质量的影响有限。对于外资企业和民营企业来讲，由于这两类企业用工制度的灵活性更高，使得工业智能化更加容易提高这两类企业的出口产品质量。但是，民营企业在技术水平以及创新潜力方面与外资企业相比存在一定差距，其有效吸收上游行业工业智能化所带来的技术溢出的能力有待进一步提高，因此与外资企业相比，民营企业受行业间前向关联渠道机器人使用密度的影响相对较小。

2. 基于企业员工技能结构

行业内和跨行业各渠道工业智能化对企业出口产品质量的影响在不同员工技能结构的企业间是否存在差异？为检验这一点，本章将专科（包括大专和中专）及以上学历员工定义为高技能劳动力，高中及以下学历员工定义为低技能劳动力，计算出各企业低技能劳动力占职工总数的比重，并在此基础上将企业样本平均分为两组，根据式（5-10）分别进行回归。如表5-5列（4）和列（5）所示，员工技能结构较高企业的行业内机器人使用密度估计系数不显著，员工技能结构较低企业的估计系数均在10%水平上显著，这说明工业智能化仅对低技能劳动力占比较高的企业产品质量提升发挥了重要作用。可能的原因是，工业智能化作为一种生产技术主要对从事程序化任务的低技能劳动力进行替代，对高技能劳动力占比较高企业的劳动力替代效应有限，同时高技能劳动力占比较高企业更倾向于通过工业智能化实现技术升级和效率提高，进而提升企业的市场势力，而非在短期内以低价的形式传递给消费者（Bonfiglioli等，2020）。

根据表5-5列（4），行业间前向关联渠道工业机器人使用密度的估计系数在5%水平上显著为正，列（5）中前向关联渠道的估计系数在1%水平上显著为正。对比估计系数大小，我们发现与行业内工业智能化的结果不同，上游行业工业智能化对员工技能结构较高的企业出口产品质量的提升作用更大。可能的原因在于：一方面，上游行业智能制造技术的应用提高了企业中间投入品质量，高技能劳动力更容易在生产中学习高质量中间品内含的生产知识和技术等，并在"干中学"过程中将上游行业带来的技术溢出转化为自身的高质量产出；另一方面，上游行业工业智能化降低了企业的生产成本，企业拥有充足的资金开展研发创新，而高技能劳动力占比较高的企业整体创新质量较高，产品质量提升更为明显。

3. 基于不同出口市场经济发展水平

工业智能化对企业出口产品质量的正面效应是否会因出口目的地经济发展水平而产生差异性影响呢？基于此，本章根据出口目的地经济发展水平，将样本分为出口目的地为中低收入国家（地区）和高收入国家（地区）两组，进行分样本回归。表5-5列（6）和列（7）的估计结果显示，行业内和上游行业工业智能化对中国向中低收入国家和高收入国家出口的产品质量具有显著的促进作用。

表5-5　工业智能化对不同所有制和技能结构企业出口产品质量的影响

	（1）	（2）	（3）	（4）	（5）	（6）	（7）
	国有企业	外资企业	民营企业	低技能劳动力占比高	低技能劳动力占比低	中低收入国家(地区)	高收入国家(地区)
lnrb	0.076 (0.061)	0.040*** (0.013)	0.038* (0.020)	0.076* (0.004)	0.008 (0.062)	0.027** (0.012)	0.127*** (0.018)
ln$rbup$	−0.023 (0.016)	0.032* (0.017)	0.012*** (0.002)	0.004** (0.002)	0.016*** (0.006)	0.003** (0.001)	0.007*** (0.002)
ln$rbdowm$	−0.018 (0.025)	−0.008 (0.006)	0.006 (0.005)	0.003 (0.015)	0.016 (0.019)	−0.001 (0.004)	0.004 (0.006)
控制变量	是	是	是	是	是	是	是
固定效应	是	是	是	是	是	是	是
样本量	82,960	18,218	163,145	131,508	122,208	163,118	101,408
R^2	0.654	0.686	0.631	0.593	0.307	0.641	0.310

4. 基于不同行业要素密集度

考虑到工业智能化对企业出口产品质量的影响效应可能因行业要素密集度的差异而有所不同。本章参照谢建国（2003）将行业分为劳动密集型、资本密集型和技术密集型行业进行分样本回归。工业智能化对劳动密集型行业的就业替代效应更大、生产率提升作用相对较强，因此本章预期在劳动密集型行业中各渠道工业智能化提升企业出口产品质量的效果更加明显。表5-6列（1）至列（3）验证了上述预期，同行业和行业间前向关联渠道工业智能化对劳动密集型和资本密集型企业出口产品质量提升存在显著的促进作用，其中劳动密集型行业的作用效果相对更大。而行业间各渠道工业智能化均对技术密集型行业出口产品质量提升具有显著的正向影响，但同行业工业智能化对其无显著影响。可能原因是工业智能化对技术密集型企业的劳动力替代效应有限，而技术密集型行业更为接近科技前沿，研发创新能力相对较强，进而使得企业因下游行业工业智能化产生的倒逼机制进行技术创新的影响效应更为明显。

为验证前文所述的工业智能化对劳动密集型行业内部的差异化影响，我们分别对食品和饮料业、纺织业以及木材和家具业进行回归，估计结果如表5-6列（4）至列（6）所示。结果与预期相符，上游行业工业智能化对三个劳动密集型行业出口产品质量提升均有显著的正向影响，但行业内工业智能化仅显著提升了食品和饮料业以及木材和家具业的出口产品质量，对纺织和服装业产品质量的影响呈负向抑制作用，但不显著。造成这一现象的原因可能是纺织和服装业企业大多为民营企业。在本章的研究样本中民营企业约占纺织服装业企业总数的73%，近年来民营企业融资成本上涨、融资难等问题促使企业仅能引进智能搬运机器人、无纺布自动化生产线这类成本较低的初级自动化设备[①]，对于劳动力最密集的车缝环节仍然无法采用机器人进行替代，导致尽管纺织和服装业的机

[①] 资料来源:《纺织业"十三五"拟推六大智能生产线》，中国农村网，2015。

器人数量不低，但劳动力替代率有限（李磊等，2021），而初级自动化设备的引进无疑会给企业带来较大的成本压力，最终使得工业智能化的质量提升效应受到抑制。由此可见，要提高以加工贸易为主的纺织和服装业的产品质量，政府应继续提高上游行业的自动化生产水平，大力扶持纺织和服装业引进高自动化水平的机器人，避免因企业内部实施智能制造带来过大的融资压力而造成企业国际竞争力下降。

表5-6 工业智能化对不同行业出口产品质量的影响

	（1）	（2）	（3）	（4）	（5）	（6）
	劳动密集型行业	资本密集型行业	技术密集型行业	食品和饮料业	纺织和服装业	木材和家具业
ln*rb*	0.737***	0.106***	0.055	0.163***	−2.584	0.163**
	（0.197）	（0.027）	（0.013）	（0.047）	（1.802）	（0.069）
ln*rbup*	0.318***	0.082***	0.004***	0.121**	1.419*	0.154***
	（0.105）	（0.028）	（0.002）	（0.061）	（0.863）	（0.049）
ln*rbdowm*	0.220	−0.005	0.040*	0.105	6.821	4.392
	（0.359）	（0.003）	（0.027）	（0.514）	（5.211）	（3.452）
控制变量	是	是	是	是	是	是
固定效应	是	是	是	是	是	是
样本量	35,346	24,258	204,715	1,108	30,879	3,339
R^2	0.519	0.610	0.633	0.801	0.507	0.355

第四节 拓展分析：工业智能化的资源再配置效应

基于单一产品企业假设的异质性企业理论认为贸易会导致资源由低生产率企业转移至高生产率企业，这种行业内企业间的资源再配置效应使得行业整体生产率水平和社会福利水平提升。然而该理论忽视了多产品出口企业普遍存在的贸易事实，2000—2006 年 75% 以上的制造业企业出口多个产品，且多产品出口企业总产出占工业总产值的 80% 以上，多产品出口企业毋庸置疑是我国对外贸易的主要载体。不同于行业内企业间的资源再配置，在应对外部冲击时多产品企业内部的产品转换行为是实现其资源优化配置的重要形式（Bernard 等，2011）。例如，Mayer 等

（2014）构建了一个多产品企业模型，在假定多产品出口企业产品间生产效率存在异质性且现有产品的生产效率远高于新加入产品的基础上，研究发现贸易自由化引致的市场规模效应和竞争效应会促使企业缩小出口产品范围，将更多的资源转移至核心产品上，形成产品间的蚕食现象。而企业生产率提高会导致企业出口产品范围扩大（Bernard 等，2010；Brambilla，2009），本章中工业智能化显著提高了企业生产率水平、降低了产品成本，可能导致边际成本较高的非核心产品克服出口固定成本，从而扩大企业出口产品范围。在这个过程中，产品转换行为可能引致资源在核心产品和非核心产品间的优化配置，进而对企业核心产品和非核心产品的质量产生差异化影响。为检验这一点，本章构建了如下计量估计方程：

$$Y_{ijt} = \alpha_0 + \alpha_1 \ln rb_{jt} + \alpha_2 \ln rbup_{jt} + \alpha_3 \ln rbdown_{jt} + \gamma X_{ijt} + \mu_i + \mu_t + \varepsilon_{ijt}$$

$$(5-15)$$

其中，Y_{ijt} 表示 t 年行业 j 企业 i 的出口产品范围，采用企业出口的 HS6 位码种类数量衡量，其余变量含义均与基准回归方程相同。表5-7列（1）报告了企业层面各渠道工业智能化对出口产品范围的估计结果，从结果来看，同行业内和上游行业工业智能化对企业出口产品种类呈显著的正向影响，促进了企业出口产品范围扩张。接下来，我们借鉴Chatterjee 等（2013）的做法，将当年企业出口金额最大的产品视为核心产品，其余为非核心产品，对两类产品进行分组回归。如表5-7列（2）和列（3）所示，行业内工业智能化对核心产品和非核心产品质量的影响显著为正，但对核心产品的提升效果更明显，行业间前向关联渠道工业智能化仅对核心产品质量存在显著的正向影响，对非核心产品的影响不显著，行业间后向关联渠道对核心产品和非核心产品的出口质量均不存在显著影响效应。上述结果说明，工业智能化推动企业实施多元化出口策略以规避外部市场风险，而对于已经实施多元化策略的企业而言，工业智能化更有利于提高核心产品质量。

表5-7　工业智能化的资源再配置效应

	（1）	（2）	（3）
	出口产品种类	核心产品	非核心产品
ln*rb*	0.464*** （0.099）	0.041*** （0.013）	0.004* （0.002）
ln*rbup*	0.199*** （0.060）	0.003* （0.001）	0.002 （0.004）
ln*rbdowm*	0.183 （0.351）	0.001 （0.004）	−0.001 （0.002）
控制变量	是	是	是
固定效应	是	是	是
样本量	4,346	70,807	193,697
R^2	0.873	0.766	0.573

第五节　本章小结

本章利用2006—2015年中国沪深A股制造业上市公司数据、中国海关数据以及国际机器人联盟数据，从上下游产业关联视角，实证分析了行业内和行业间各渠道工业智能化对企业出口产品质量的影响。研究结果表明：（1）行业内和行业间前向关联渠道工业智能化显著促进了企业出口产品质量升级，行业间后向关联渠道工业智能化对企业产品质量变动不存在显著影响效应，这一结论在替换核心解释变量和被解释变量、控制同时期其他政策冲击、更换研究维度等一系列稳健性检验后依然稳健。具体而言，行业内工业机器人使用密度每增加10%，企业出口产品质量提高约0.44%；而上游行业的工业机器人使用密度每增加10%，下游企业出口产品质量提高约0.02%。（2）异质性分析表明：①各渠道工业智能化对中国企业出口产品质量的影响与企业所有制类型密切相关。同行业和行业间前向关联渠道工业智能化对产品质量的影响主要体现在外资企业和民营企业上，其中外资企业受前向关联渠道工业智能化的影响效果更明显。②行业内工业智能化显著促进了低技能劳动力占比较高的企业产品质量升级，但对低技能劳动力占比较低的企业出口产品质量无显著影响，而行业间前向关联渠道工业智能化对不同员工技能结构的企业出口质量提升均存在显著的正向影响，但对低技能劳动力占比较低的企业产品质量提升效果更明显。③相较于中低收入国家（地区），行业内和行业间前向关联渠道工业智能化对出口到高收入国家（地区）的产品质量升级效应更大。④同行业和行业间前向关联渠道工业智能化对劳动密集型和资本密集型企业出口产品质量提升存在显著的促进作用，其中对劳动密集型行业的作用效果相对更大。而行业间各渠道工业智能化均对技术密集型行业出口产品质量提升具有显著的正向影响，但同行业工业智能化对其无显著影响。此外，同行业工业智能化对劳动密集型行业产品质量的促进作用仅体现在食品和饮料业以及木材和家具业，对纺织和服装业的产品质量升级具有负向抑制作用，但不显著。（3）拓展分析结果表明，各渠道工业智能化导致企业出口产品范围扩张，而在这个过程中企业将更多资源转移至核心产品上，使得行业内和行业间前向关联渠道工业智能化对核心产品的促进作用更明显。

总体而言，从上下游产业关联视角来看，行业内和上游行业工业智能化对企业出口产品质量存在显著的促进作用，并且工业智能化会导致企业出口产品范围扩张，对企业核心产品和非核心产品的质量产生差异化影响。本章研究结论不仅从实证层面佐证了政府"加快发展智能制造，助推中国制造业转型升级"具备战略上的正确性，同时为中国企业提高核心产品竞争力、实施多元化出口战略提供了经验支持。

第六章　工业智能化与中国出口企业创新

第一节　理论分析与研究假说

随着人工智能和工业机器人的兴起，实现生产、销售等环节的信息化和自动化是当前世界各国共同的发展趋势，也是企业提高技术水平的主要方向。结合已有研究，本章认为工业智能化可能会通过以下三条渠道影响出口企业创新。

第一，工业智能化可以通过改变企业中间品投入影响企业创新。作为新型生产技术，机器人通常比非自动化机器需要更高质量的投入品与之配套，其中就包括优质的人力资本和高质量的中间品（Destefano 和 Timmis，2021）。由于国内中间品与进口中间品的不完全替代性且进口中间品的质量和技术水平更高，在预算约束下企业往往会通过进口中间品，尤其是从 OECD 国家进口中间品来提升中间品质量。鉴于此，Marí 等（2020）采用西班牙制造业企业数据研究发现，企业在使用机器人后进口概率以及企业产出中进口所占的份额显著提高，同时人工智能带来的企业进口增长主要来自 OECD 国家。而作为重要的投入要素，中间品进口增加有利于促进企业进行研发创新。具体来说，其一，中间品进口增加会产生显著的技术溢出效应。进口中间品内嵌了诸多其他国家先进的生产技术信息，国内企业通过对这些信息的吸收和模仿有助于提升自身的创新能力（Colantone 和 Crino，2014）。其二，企业为有效利用高质量的进口中间品，会主动提升自身技术水平，增加研发投入（魏浩和林薛栋，2017）。其三，中间品进口增加有利于提升企业产品质量，进而扩大企业市场规模形成规模经济，规模经济有助于企业边际成本下降、创新回报提高，从而推动企业进行研发创新（Perla 等，2015）。此外，中间品进口种类多样化同样对企业创新存在显著的积极影响（Bos 和 Vannoorenberghe，2019）。

第二，工业智能化带来的成本降低效应为企业研发创新提供了必要的利润基础。以往研究发现企业创新行为对融资约束较为敏感，融资约束加剧会抑制企业开展创新活动（王雅琦和卢冰，2018）。而工业智能化在提高企业生产率、降低可变成本的同时，还会从未使用机器人的企业手中抢夺市场份额，从而提高企业利润（Bonfiglioli 等，2020）。而企业利润的增加促使企业更有能力和资金进行研发创新。

第三，工业智能化能够提升企业员工技能水平，从而推动企业进行创新。基于技能偏向性技术进步理论，因自动化技术进步引致的生产复杂度增加会促使低技能劳动力相较于高技能劳动力更容易被机器人替代，进而降低了企业对低技能劳动力的需求（Graetz 和 Michaels，2018），有利于劳动力技能结构改善。在智能制造技术带来劳动力替代效应的同时，也催生了一系列与技术互补的新岗位，这类岗位的技能要求通常较高（Acemoglu 和 Restrepo，2019），促使企业对高技能劳动力的需求激增，从而刺激劳动力进行人力资本投资。来自中国的经验研究同样表明，工业智能化能够通过收入增长、产业结构升级、非技能岗位替代和技能岗位创造的非对称方式，对人力资本提升产生显著的正向影响（胡晟明等，2021）。而作为一种复杂的知识生产活动，企业创新能力与企业员工技能结构密切相关。一方面，高技能劳动力是企业进行创新创造的主力军，高技能员工增加将显著增强企业扩大研发投入的意愿（Che 和 Zhang，2018）。另一方面，在既定研发投入的情况下，高技能劳动力在干中学过程中对新知识和技术的吸收能力更强，更容易将其转化为新产品，也更有可能在已有技术的基础上进行再创新。

综合上述分析，本章提出以下研究假说。

假说6.1：机器人能够促进企业中间品进口扩张，进而推动企业进行研发创新。

假说6.2：机器人应用有利于增加企业利润，从而促进企业创新。

假说6.3：机器人可以通过提升企业劳动力技能水平，促进企业创新。

第二节　实证研究设计

一、计量模型设定

在现有研究的基础上，为考察工业智能化对企业创新表现产生何种影响，本章构建如下的基准计量回归模型：

$$\ln inno_{ijct} = \alpha_0 + \alpha_1 \ln robots_{ijct} + \alpha_2 X_{ijct} + \mu_t + \mu_i + \mu_j + \mu_c + \varepsilon_{ijct} \quad （6-1）$$

其中，t 表示年份，i 表示企业，j 表示 CIC-2 位码行业，c 表示地区。被解释变量 $\ln inno_{ijct}$ 为 t 年企业 i 的创新活动情况，采用企业新产品产值的对数值衡量；核心解释变量 $\ln robots_{ijct}$ 为 t 年企业 i 的工业智能化情况，参考 Acemoglu 和 Restrepo（2018b）的研究，采用企业工业机器人进口数据作为代理指标。X 为控制变量集合，包括：（1）企业年龄（$\ln age$），用观测年份减去成立年份加 1 的对数值表示；（2）企业规模（$\ln size$），用企业年末员工数量的对数值表示；（3）企业利润率（$profit$），用企业营业利润与其主营业务收入的比值来衡量；（4）企业资本负债率（alr），用企业负债总额与资产总额的比值表示；（5）行业市场集中度（HHI），采用行业的赫芬达尔指数来衡量，为企业的主营业务收入占企业所在行业的主营业务收入的比重。回归中控制了时间固定效应、企业固定效应、行业固定效应以及地区固定效应，并将标准误聚类到企业层面。本章重点关注企业机器人使用的估计系数，它衡量了工业智能化对企业创新的影响效应。本章预期 $\alpha_1>0$，即工业智能化显著促进了企业研发创新。

二、核心指标构建

1. 企业创新

已有文献通常是从创新投入和创新产出的角度识别企业创新行为，企业创新投入主要用研发投入表示，企业创新产出则主要采用新产品产值和专利申请数量来进行衡量。由于中国工业企业数据库与中国企业专利申请数据库进行匹配时存在大量的样本损失，同时相较于研发投入和新产品产值，企业专利产出具有一定的时滞性。鉴于此，本章主要采用研发投入和新产品产值指标来度量企业创新情况。需要注意的是，中国工业企业数据库分别统计了 2005—2007 年企业研究开发费用和 2000—2009 年（2004 年缺失）企业新产品产值数据，研发投入数据相对不全，因此在回归中本章将研发投入作为企业创新行为的辅助衡量指标，将企业新产品产值作为主要衡量指标。本章采用 2000 年为基期的工业生产者出厂价格指数对新产品产值进行平减，将平减后的新产品产值的对数值作为被解释变量。

2. 企业工业智能化

本章采用中国海关数据库中企业是否进口机器人（*robots*）以及企业机器人进口金额（lnrbvalue）来度量企业工业智能化情况，选择该代理变量主要出于以下几点考虑：（1）国际机器人联盟提供的机器人数据为国家－行业层面的工业机器人年保有量和年安装量，企业层面机器人应用信息不可得。（2）2013 年以前中国国内绝大多数机器人依赖于进口。根据中国机器人产业联盟的数据显示，2011 年，以 ABB、库卡、安川电机、发那科四大家族为代表的国外机器人企业占据中国机器人市场 90% 以上的市场份额，中国本土品牌机器人市场占有率仅为 8% 左右。（3）在 2010 年之前中国工业机器人出口贸易相对较少，2007 年出口数量仅为 1,154

台，其中还包括加工贸易，2008 年为 1,668 台，2009 年为 1,201 台，因此本章采用 2000—2009 年从进口工业机器人的角度估计机器人应用对企业创新的影响，基本可以排除国产机器人带来的干扰。（4）以 Acemoglu 和 Restrepo（2018b）、Fan 等（2021）为代表的学者借助该指标来间接衡量企业工业机器人使用情况。具体而言，在 HS8 位码体系中机器人主要包括 84248920（喷涂机器人）、84289040（搬运机器人）、84795010（多功能工业机器人）、84795090（其他工业机器人）、84864031（集成电路工厂专用的自动搬运机器人）、85152120（电阻焊接机器人）、85153120〔电弧（包括等离子弧）焊接机器人〕、85158010（激光焊接机器人）。

三、数据说明与描述性统计

本章采用 2000—2009 年中国制造业企业样本，从微观层面考察了工业智能化对出口企业创新的影响，所用数据为中国工业企业数据库和中国海关数据库。

首先，参照以往文献的做法（Brandt 等，2012），对工业企业数据库进行如下处理：第一，将 2000—2009 年行业代码统一至 2002 年国民经济行业分类 4 位码层面（CIC–4 位码）；第二，依次采用企业代码、企业名称、邮政编码、电话号码、行业代码等特征变量，进行交叉匹配，构建本章的非平衡面板数据；第三，将关键财务指标缺失、从业人员小于 8 人、总资产小于固定资产、总资产小于流动资产、累计折旧小于当年折旧以及企业开业月份不合理的样本删除。

其次，按年份将企业 – 产品 – 目的国层面的海关数据加总到企业层面，得到每年的出口企业样本。并在此基础上，根据产品的 HS8 位码，进一步识别出进口机器人的企业样本以及企业进口机器人的数量和金额。

最后，借鉴田巍和余淼杰（2014b）的方法，采用"两步法"将处理好的中国工业企业数据与海关数据进行匹配，得到 2000—2009 年 105,891 家企业的数据，观测值为 241,914。其中，2,880 家企业进口过工业机器人。

第三节　实证结果与分析

一、基准估计结果

本章分别以企业是否进口工业机器人、企业进口工业机器人数量和金额为核心解释变量，采用 HDFE 高维固定效应的估计方法对式（6-1）进行回归，基准估计结果如表 6-1 所示。列（1）、列（3）和列（5）在控制年份、企业、行业以及地区固定效应的基础上仅加入了核心解释变量，列（2）、列（4）和列（6）则进一步将其他控制变量纳入回归方程。表 6-1 列（2）估计结果显示，与未进口工业机器人的企业相比，进口工业机器人的企业新产品产值平均高出 13.5%。列（4）和列（6）的估计结果表明，企业工业机器人进口数量和金额的增加对中国出口企业创新行为均具有显著的促进作用。工业机器人进口数量每增加 10%，企业新产品产值将上升 0.64%；工业机器人进口金额每增加 10%，将导致企业新产品产值上升 0.13%。综上所述，无论采用何种指标衡量企业工业机器人使用情况，出口企业使用工业机器人都将对自身的创新行为产生正向冲击，从而有利于企业开展创新活动。

表 6-1　工业智能化与出口企业创新

	（1）	（2）	（3）	（4）	（5）	（6）
	是否进口机器人		机器人进口数量		机器人进口金额	
robots	0.148** （0.061）	0.135** （0.061）				
lnrbquantity			0.071* （0.037）	0.064* （0.037）		
lnrbvalue					0.014** （0.006）	0.013** （0.006）
lnage		−0.053* （0.032）		−0.053* （0.032）		−0.053* （0.032）

（续表）

	（1）	（2）	（3）	（4）	（5）	（6）
	是否进口机器人		机器人进口数量		机器人进口金额	
ln*size*		0.303*** （0.021）		0.303*** （0.021）		0.303*** （0.021）
profit		0.417*** （0.108）		0.418*** （0.108）		0.418*** （0.108）
alr		0.080* （0.043）		0.079* （0.043）		0.079* （0.043）
HHI		−0.134 （0.342）		−0.135 （0.342）		−0.133 （0.342）
年份固定效应	是	是	是	是	是	是
企业固定效应	是	是	是	是	是	是
行业固定效应	是	是	是	是	是	是
地区固定效应	是	是	是	是	是	是
样本量	194,132	194,132	194,132	194,132	194,132	194,132
R^2	0.728	0.729	0.728	0.729	0.728	0.729

注：括号内为聚类到企业层面的稳健标准误；***、**、*分别表示 $p<0.01$、$p<0.05$ 和 $p<0.1$。下同。

二、内生性处理与稳健性检验

1. 内生性处理

出口企业创新与企业工业机器人使用的回归可能存在内生性问题。一方面，企业创新行为受到多种因素的影响，基准回归模型中可能存在遗漏变量。另一方面，企业研发创新同样为工业智能化的发展提供了技术基础，进而导致反向因果问题。据此，本章选取上一年度企业所在行业的工业机器人进口强度（ln*indrobots*）以及上一年度企业所在城市的最低工资水平（ln*minimumwage*）作为企业机器人使用的工具变量，进行两阶段最小二乘估计（2SLS）来解决内生性问题。我们认为，基于示范效应和竞争效应，上一年度行业工业机器人使用强度会影响下一年度企业进口工业机器人的决策，但个体企业的创新行为不太可能对上一年度行业工业机器人使用强度产生影响。一般而言，各城市的最低工资标准是当地政府依据居民生活消费水平制定而成，企业很难通过游说等方式反对提高最低工资水平，因此满足了工具变量外生性要求，而最低工资上升会提高企业的用工成本，进而促使企业大规模使用工业机器人，加快企业自动化生产进程，故满足工具变量相关性要求（Fan等，2021；綦建红和付晶晶，2021）。

表6-2列（1）和列（2）报告了第一阶段回归结果，从结果来看，上一年度行业工业机器人使用强度和企业所在城市最低工资水平的估计系数均在1%水平上显著为正，说明上一年度行业工业机器人使用强度显著提高了行业内企业进口工业机器人的可能性，而企业所在城市最低工资的提升也使得企业进口工业机器人的可能性提高。第二阶段回归结果如表6-2列（3）和列（4）所示，工具变量通过了不可识别检验，且Cragg-Donald Wald F统计量通过了Stock-Yogo 10%的临界值，拒绝了"弱工具变量"假设。估计结果显示，核心解释变量企业工业机器人使用分别在10%和1%水平上显著为正，表明本章的核心结论是稳健的。

表6-2　工具变量估计结果

	（1）	（2）	（3）	（4）
	第一阶段（*robots*）		第二阶段（*lninno*）	
robots			22.249* （12.289）	35.499*** （10.157）
lnindrobots	0.001*** （0.000）			
lnminimumwage		0.020*** （0.005）		
控制变量	是	是	是	是
年份固定效应	是	是	是	是
企业固定效应	是	是	是	是
行业固定效应	是	是	是	是
地区固定效应	是	是	是	是
LM统计量			8.370***	15.753***
Wald F统计量			10.359	23.445
样本量	182,327	192,850	182,327	1928,50

2. 稳健性检验

（1）替换被解释变量。考虑到部分文献采用企业研发投入和企业新产品产值占工业总产值的比重来衡量企业创新强度，因此在稳健性检验部分，我们分别采用企业研究开发费用的对数值以及新产品产值占工业总产值的比重作为被解释变量，重新对基准计量回归模型进行估计，结果如表6-3列（1）和列（2）所示。从估计结果来看，工业智能化的估计系数均显著为正，说明工业智能化会显著促进出口企业创新投入和产出的提高，进一步证明了本章结论的稳健性。

（2）改变估计方法。在本章的研究样本中存在大量新产品产值为0的企业，即这部分企业不存在创新行为。在大样本条件下，"泊松回归＋聚类稳健标准误"可以避免由于数据过度分散而造成的估计偏误，得到参数值的一致估计。鉴于此，考虑到零值偏误，本章采用零膨胀泊松回归对式（6-1）进行重新估计。结果如表6-3列（3）所示，工业智能化的估计系数已转化为边际效应，仍然在1%的水平上显著为正，但系数大小由基准回归中的0.149下降至0.105，表明企业新产品产值的大量零值样本导致基准回归中工业智能化的解释力被高估，但未对本章研究结论产生较大的干扰。显然，在考虑零值样本偏误问题后，工业智能化仍然显著促进出口企业新产品产值的提高。

（3）剔除贸易中介商和机器人制造商。在中国工业企业数据库中存在部分贸易中介商，它们在进口机器人后并不用于自身生产而是转销给国内其他企业。参照以往文献的做法，将企业名称中包含"进出口""经贸""商贸"等关键词的样本删除。同时数据库中可能还存在机器人制造商，进口机器人被这些企业用于研发或作为中间投入品用于生产。借鉴Fan等（2021）的方法，删除企业名称中包含"机器人"的样本。在剔除贸易中介商和机器人制造商后，重新对式（6-1）进行回归，估计结果如表6-3列（4）所示。可以看出，剔除后的估计结果与基准回归结果基本没有明显变化，说明本章的核心结论并未受到上述样本的干扰。

（4）控制其他外生冲击。除了工业智能化所导致的出口企业创新行为变化之外，在样本期内还可能存在其他外生因素导致企业创新产值变化。例如，外资进入通过竞争效应、知识技术溢出效应等渠道影响东道国企业研发创新（Lu 等，2017；毛其淋，2019b）。为了排除外资管制放松对回归结果可能造成的干扰，根据 1997 年、2002 年、2004 年、2007 年《外商投资产业指导目录》中被"禁止"或"限制"外商投资的产品条目对应到 CIC-4 位码行业层面，然后计算出 CIC-2 位码层面的外资管制比重，并将其纳入基准回归模型。国有企业体制改革通过政府补贴、降低管理成本等渠道也会影响企业创新。参照白重恩等（2006）的方法，以行业内非国有企业数量占行业企业总数的比重度量国有企业改革程度，并将其加入基准回归中。此外，由于企业出口贸易规模和除机器人以外的其他资本品或中间品进口也会对企业创新产生较大的冲击，我们进一步控制了各年企业出口金额和除机器人以外的企业进口金额。表 6-3 列（5）是控制上述外生冲击后的估计结果，结果显示机器人应用的估计系数在 5% 水平上显著为正，本章的核心结论依然成立。

表 6-3　稳健性检验

	（1）	（2）	（3）	（4）	（5）
	研发投入	新产品产值/工业总产值	零膨胀泊松回归	剔除相关企业	控制其他外生冲击
robots	0.208*** （0.079）	0.007** （0.003）	0.105*** （0.007）	0.137** （0.061）	0.122** （0.061）
外资管制放松					−0.063 （0.133）
国有企业改革					2.384*** （0.609）
出口规模					0.057*** （0.007）
除机器人以外的进口规模					0.014*** （0.002）
控制变量	是	是	是	是	是
年份固定效应	是	是	是	是	是

（续表）

	（1）	（2）	（3）	（4）	（5）
	研发投入	新产品产值/工业总产值	零膨胀泊松回归	剔除相关企业	控制其他外生冲击
企业固定效应	是	是	是	是	是
行业固定效应	是	是	是	是	是
地区固定效应	是	是	是	是	是
样本量	11,546	194,132	194,132	193,808	194,132
R^2	0.867	0.683		0.729	0.729

三、异质性分析

1. 基于企业所有制类型

本章将出口企业样本分为国有企业、民营企业和外资企业三类分别进行回归，估计结果如表 6-4 列（1）至列（3）所示。结果显示，工业智能化对非国有出口企业的新产品产值提升具有显著的促进作用；对民营企业的新产品产值同样具有促进作用；但在统计上不显著，对国有企业新产品产值具有负向的抑制作用；但在统计上不显著。目前，由于中国人口红利逐渐消失，劳动力成本急剧上升，在企业生产过程中工业智能化的劳动力替代效应明显。而相比于非国有企业，国有企业更多地承担着"稳就业"的责任，即使其大规模使用机器人，也无法在短期内大面积裁员，进而使得企业生产成本降低幅度有限，甚至提高了生产经营成本，导致企业创新动机下降。对于民营企业来说，企业的经营目的主要是为了利润，创新意识较为薄弱，从而工业智能化对民营企业的创新产值影响较小。由此可见，在通过大力发展智能制造来激励企业创新的过程中，工业智能化对国有企业和民营企业的创新促进效应仍然有待激发。

2. 基于企业贸易方式

借鉴 Kee 和 Tang（2016）的分类方法，将出口制造业企业划分为加工贸易企业、一般贸易企业和其他三组分别进行估计，结果如表6-4列（4）至列（6）所示。结果显示，工业智能化更能促进加工贸易企业新产品产值的提升，对一般贸易企业和其他企业新产品产值的影响在统计上不显著。我国加工贸易企业大多从事附加值较低的产品加工组装类工作，其生产活动严重依赖于低技能劳动力，这就使得工业智能化在替代劳动力后对加工贸易企业的生产成本降低程度大于一般贸易企业，使得企业可以具有更多的资金进行研发创新。

表6-4　异质性分析

	（1）	（2）	（3）	（4）	（5）	（6）
	国有企业	民营企业	外资企业	加工贸易企业	一般贸易企业	其他
robots	−0.027 （0.358）	0.078 （0.560）	0.107* （0.062）	0.141** （0.069）	0.006 （0.168）	−0.008 （0.261）
控制变量	是	是	是	是	是	是
年份固定效应	是	是	是	是	是	是
企业固定效应	是	是	是	是	是	是
行业固定效应	是	是	是	是	是	是
地区固定效应	是	是	是	是	是	是
样本量	7,343	56,128	123,486	58,426	99,531	21,383
R^2	0.885	0.731	0.693	0.716	0.744	0.779

第四节　作用机制检验与拓展分析

一、作用机制检验

1.中间品进口扩张效应

作为重要的投入要素，中间品进口则通过技术溢出效应、市场扩大效应、研发互补效应和研发替代效应影响企业创新（林薛栋等，2017），高质量、多样化的中间投入品对企业创新具有显著的正向影响

（Goldberg 等，2008）。而工业智能化使得企业对中间投入品的质量要求大幅度提高（Destefano 和 Timmis，2021），进而导致企业在使用机器人后进口概率和进口规模显著提高，同时促使其从 OECD 国家进口更高质量的产品（Marí 等，2020）。据此推测，相对于未使用工业机器人的企业而言，使用机器人的企业越有可能进口和使用大规模中间投入品，同时中间投入品的质量更高、种类更为多样化，进而推动该企业进行研发创新。

本章将中国海关数据库中的 HS 编码与联合国 BEC 分类编码匹配，通过 BEC 编码识别出中间产品，计算出各年企业中间品进口规模以及进口来源国 –HS6 位码产品层面的企业中间品进口种类数目。由于来自 OECD 国家的进口中间品质量普遍较高，进一步测算出了企业从 OECD 国家进口的中间品规模，分别以企业中间品进口规模加 1 的对数值（ln*import*）、从 OECD 国家进口的中间品规模加 1 的对数值（ln*importoecd*）、企业中间品进口种类数目加 1 的对数值（ln*importvariety*）作为中介变量，来检验中间品进口扩张效应是否为工业智能化影响出口企业创新的中间传递机制，估计结果如表 6–5 所示。列（1）至列（3）的估计结果显示，出口企业使用工业机器人显著增加了其中间品进口规模和进口种类，同时促进了企业从 OECD 国家进口更多的高质量中间品。列（5）至列（6）估计结果显示，中间品进口扩张的中介效应显著为正，企业进口中间品规模增加、进口中间品种类增多以及从 OECD 国家进口中间品的规模增加均对企业创新具有显著的正向促进作用，而在控制相应的中介变量后，机器人应用的估计系数仍然显著为正，但系数大小有所下降，表明工业智能化通过促进企业进口中间品而提升了企业的创新产值。

表6-5 中间品进口扩张效应

	（1）	（2）	（3）	（4）	（5）	（6）
	lnimport	lnimportoecd	lnimportvariety	lninno	lninno	lninno
robots	0.231*** （0.033）	0.249*** （0.051）	0.122*** （0.011）	0.132** （0.061）	0.134** （0.061）	0.122** （0.061）
lnimport				0.015*** （0.003）		
lnimportoecd					0.005** （0.002）	
lnimportvariety						0.111*** （0.014）
控制变量	是	是	是	是	是	是
年份固定效应	是	是	是	是	是	是
企业固定效应	是	是	是	是	是	是
行业固定效应	是	是	是	是	是	是
地区固定效应	是	是	是	是	是	是
样本量	194,132	194,132	194,132	194,132	194,132	194,132
R^2	0.879	0.729	0.835	0.729	0.930	0.729

2. 企业内资源重置效应

借助互联网、云计算等技术，人工智能可以让企业在短时间内掌握全球市场的产品供求信息，提高了信息流通效率和质量，避免企业资源错配（刘斌和潘彤，2020）。而作为人工智能的重要载体，工业智能化同样具有资源重置功能。具体而言，近年来随着生活水平的提高，消费者对产品技术水平和质量的要求越来越高，出口企业由于要面对激烈的国际市场竞争，对出口产品的技术要求会更高，而企业要在竞争中取胜，必须主动调整出口产品结构，淘汰低竞争力的旧产品、增加高竞争力的新产品。工业智能化则有助于企业实现柔性生产，增强了生产的灵活性，大幅缩短产品生产周期，这将有利于新产品的开发和生产。因此，在国际竞争日趋激烈的背景下，出口企业使用工业机器人后，将推动资源在企业内部不同出口产品间的优化再配置，由被淘汰的旧产品转移至开发的新产品，进而促使企业新产品产值增加。本章参照 Bernard 等（2010）的方法，构建企业出口产品净转换率来度量企业内产品结构调整程度，反映了企业内的资源重置。具体的测算公式为：

$$protrans_{it} = \frac{add_{it} - dis_{it}}{amount_{t-1}} \qquad (6-2)$$

其中，add_{it} 表示与 $t-1$ 年相比，企业 i 在 t 年新增加的 HS6 位码层面出口产品种类数量，dis_{it} 表示消亡的产品种类数，$amount_{t-1}$ 表示 $t-1$ 年企业 i 的出口产品种类总数，$protrans_{it}$ 为测算出的企业出口产品净转换率，用其作为中介变量检验企业内资源重置效应。表 6-6 列（1）和列（2）报告了中介效应模型的逐步回归结果，结果显示企业使用工业机器人显著提高了企业出口产品净转换率，促进资源在企业内产品间的优化重置。列（2）进一步表明企业出口产品净转换率的提升显著提高了企业新产品产值，有利于企业创新。这意味着机器人应用对企业创新存在直接的促进作用。结果说明，出口企业通过使用工业机器人实现资源在企业内不同产品间的优化重置，进而促进创新产值提高。

3. 利润增加效应

以往研究发现，企业创新行为对融资约束较为敏感，融资约束加剧会抑制企业开展创新活动（王雅琦和卢冰，2018；张杰等，2012）。而工业智能化显著提升了企业自动化生产水平，有助于企业生产率提高、生产成本降低（Bonfiglioli 等，2020；蔡震坤和綦建红，2021），从而提高企业利润、缓解企业的融资约束，使得企业更有能力和资本进行研发创新。企业利润指标采用企业利润总额的对数值衡量。表 6-6 列（3）和列（4）列估计结果显示，企业利润增加发挥了显著的正向中介效应，机器人应用显著增加了企业利润，进而也促进了企业创新。

表 6-6　企业内资源重置效应以及利润增加效应

	（1） lnprotrans	（2） lninno	（3） lnπ	（4） lninno
robots	0.034*** （0.013）	0.115* （0.065）	0.071** （0.035）	0.134** （0.061）
lnprotrans		0.490*** （0.010）		

（续表）

	（1） lnprotrans	（2） lninno	（3） lnπ	（4） lninno
lnπ				0.021*** （0.007）
控制变量	是	是	是	是
年份固定效应	是	是	是	是
企业固定效应	是	是	是	是
行业固定效应	是	是	是	是
地区固定效应	是	是	是	是
样本量	182,490	182,490	194,132	194,132
R^2	0.983	0.733	0.814	0.729

4.人力资本提升效应

通常而言，人力资本是企业创新活动的核心要素（蒲艳萍和顾冉，2019），受此启发，本章考察工业智能化究竟会如何影响企业人力资本。由于中国工业企业数据库没有企业不同技能水平劳动力就业数据，我们采用2004年全国经济普查数据来进行分析，将高中以上学历的劳动力视为高技能劳动力，高中及以下学历视为低技能劳动力，使用企业劳动力就业技能结构衡量企业人力资本水平，由企业高技能员工人数占低技能员工人数的比率表示。表6-7列（1）至列（4）分别报告了以企业从业人员总数的对数值、高技能员工人数的对数值、低技能员工人数的对数以及劳动力技能结构为被解释变量的估计结果。结果显示，工业智能化显著提升了企业的劳动力需求，高技能劳动力需求因工业智能化而显著提高，低技能劳动力就业受到抑制，进而促使企业劳动力技能结构显著改善，实现人力资本升级。

2004年全国经济普查数据没有企业研发投入和新产品产值数据，无法检验劳动力技能结构改善的中介效应。出于技能与技术的互补性，使用工业机器人的企业在降低低技能劳动力需求、增加高技能劳动力需求的同时，还可以通过增加对已有员工进行技能培训的方式来满足自身的技能需求，而企业加大在职培训反映了企业对人力资本的投资和重视程度提高，在一定程度上促进了企业人力资本提升。因此，本章借助

2005—2007 年中国工业企业数据库中职工教育培训费用数据，考察了工业智能化是否通过提高企业人力资本投资促进企业创新。表 6-7 列（5）是仅采用 2005—2007 年中国工业企业数据重新对基准回归模型进行估计的结果，机器人应用的估计系数仍然显著为正。列（6）考察了工业智能化对企业人力资本投资的影响，从结果来看，机器人应用显著增加了企业职工教育培训经费。列（7）的估计结果显示企业职工教育培训经费的系数显著为正，表明企业人力资本投资增加显著提升了企业新产品产值，而在控制企业职工培训经费后，机器人应用的系数大小相较列（5）出现下降，但仍然显著为正，意味着出口企业使用工业机器人显著促进了企业增加人力资本投资。

表 6-7　人力资本提升效应

	（1）	（2）	（3）	（4）	（5）	（6）	（7）
	lnemp	lnhighskill	lnlowskill	skillstructure	lninno	lntraining	lninno
robots	0.039***	0.288***	−0.265***	8.989*	0.132*	0.241**	0.130*
	（0.007）	（0.027）	（0.052）	（4.933）	（0.070）	（0.096）	（0.070）
lntraining							0.005*
							（0.003）
控制变量	是	是	是	是	是	是	是
年份固定效应	否	否	否	是	是	是	是
企业固定效应	否	否	否	是	是	是	是
行业固定效应	是	是	是	是	是	是	是
地区固定效应	是	是	是	是	是	是	是
样本量	22,196	22,131	20,964	20,964	94,775	94,728	94,728
R^2	0.956	0.684	0.688	0.040	0.812	0.734	0.812

注：表 6-7 列（1）至列（4）仅使用了 2004 年全国经济普查数据，由于仅使用了横截面数据，因此控制了企业所在行业和城市的固定效应，控制变量与基准回归一致；列（5）至列（7）采用了 2005—2007 年中国工业企业数据，控制变量及固定效应与基准回归一致。上述回归均将标准误聚类在企业层面。

二、拓展分析：工业智能化与出口企业自主创新能力的分析

前文采用 2000—2009 年中国工业企业数据库和中国海关数据库，从微观层面考察了出口企业使用工业机器人对其新产品产值的影响。然

而，Griliches（1998）认为新产品产值增加可能来源于企业进口学习效应而不是自主研发创新增强，该指标只能片面地反映企业创新行为。与之相比，企业专利申请情况可以直观体现企业自主研发创新的水平和质量，能够更好地反映出企业自主创新能力（Pandit 等，2011）。鉴于此，本部分使用 2000—2013 年中国工业企业数据库、中国海关数据库以及国家知识产权局的专利数据库，进一步检验了工业智能化对出口企业自主创新能力，即专利申请数量的影响。同时，根据企业申请专利类型，借鉴黎文靖和郑曼妮（2016）的做法，将企业创新模式分为实质性创新和策略性创新两种。实质性创新主要是指企业为实现技术升级和获得竞争优势而采取的高质量创新活动，策略性创新则是指企业为谋求相关利益（如迎合国家产业政策等）实施的只重视创新数量忽略创新质量的创新行为。我们采用当年企业总专利申请数量的对数值度量企业自主创新能力（lnpatent），采用当年企业外观设计专利和实用新型专利申请数量之和的对数值度量企业策略性自主创新能力（lnpatenti），采用当年企业发明专利申请数量的对数值度量企业实质性自主创新能力（lnpatentud），分别以上述三个指标作为被解释变量进行回归，估计结果如表 6-8 所示。

表6-8　工业智能化对企业自主创新能力的影响

	（1） lnpatent	（2） lnpatenti	（3） lnpatentud
robots	0.119** （0.059）	0.107** （0.049）	0.034 （0.056）
控制变量	是	是	是
年份固定效应	是	是	是
企业固定效应	是	是	是
行业固定效应	是	是	是
地区固定效应	是	是	是
样本量	188,553	188,553	188,553
R^2	0.729	0.729	0.729

由表 6-8 列（1）可知，工业智能化显著增加了企业总专利申请数量，推动了企业自主创新能力提升。与未进口机器人的企业相比，进口

工业机器人的企业总专利申请数量要高出 11.9%。列（2）和列（3）的估计结果显示，使用工业机器人的企业当年发明专利申请数量显著增加，对非发明专利申请同样具有促进作用但不显著，这一结果表明工业智能化在促进企业创新的同时，促使企业更追求创新质量而不是数量，实施"高质量"的实质性创新战略，有利于提高企业市场价值。

第五节　本章小结

在实施创新驱动战略的背景下，本章以出口企业创新为落脚点，利用 2000—2009 年中国工业企业数据库和中国海关数据库，考察工业智能化是否以及如何影响我国出口企业创新行为，并进一步检验了影响机制。本章的主要发现是：（1）工业智能化显著促进了出口企业新产品产值的提高，有利于企业创新行为。（2）从异质性分析结果来看，相比于其他对应类型企业，工业智能化对中国出口企业创新的促进效应主要集中于外资企业和加工贸易企业。（3）影响机制结果表明，工业智能化对企业创新的促进作用主要是通过中间品进口扩张效应、企业内资源重置效应、利润增加效应以及人力资本提升效应实现的，其中机器人应用引致的企业内出口产品净转换率上升以及中间品进口种类扩张对企业创新的促进作用相对最大。（4）考虑到专利申请更能反映企业的自主创新能力，我们基于 2000—2013 年中国专利数据库和中国工业企业数据库做进一步分析，发现工业智能化显著增加了企业总专利申请数量，特别是发明专利申请数量显著增加，表明工业智能化推动企业实施实质性创新战略，在技术创新过程中注重创新"质量"，而非创新"数量"。

第七章　结论及政策启示

2014 年习近平总书记首次提出"机器人革命"的设想以来，中国工业机器人市场规模快速扩张。国际机器人联盟数据显示，在 2005—2019 年我国工业机器人总保有量从 0 上升至 78.27 万台，2016 年超越日本成为全球工业机器人存量最大的国家，随后持续位居世界第一。在人工智能广泛应用的同时，处于经济转型关键期的中国，对出口贸易发展提出了新的要求，对外贸易工作的重心从单纯地强调扩大贸易规模逐步转变为兼顾贸易规模与贸易质量，推动中国外贸格局从"大进大出"向"优进优出"转变、贸易发展战略目标从"贸易大国"向"贸易强国"转变、贸易增长方式从"粗放型"向"集约型"转变。2008 年后受全球经济疲软的影响，中国对外贸易迈入了平稳发展阶段，增长速度放缓，甚至在 2015—2016 年出现了进出口负增长。如何创造新的贸易增长点和培育外贸竞争新优势、加快推进出口贸易高质量发展是当前外贸工作的重点和难点。在此背景下，本书从出口规模、出口产品种类、出口产品质量和出口企业创新四方面系统地考察了工业智能化如何影响中国出口贸易高质量发展，得到的研究结论对相关政策实施具有一定的借鉴和启示意义。

第一节 主要结论

中国工业智能化应用与出口贸易高质量发展的特征事实。这一章首先从时间和行业分布上分析了中国工业智能化的总体发展现状，其次分析了中国出口规模、出口贸易方式、出口产品技术结构和出口产品质量的发展特征，最后通过对比分析未使用机器人、使用机器人前、使用机器人后企业出口贸易的特征事实，探究中国出口贸易中工业智能化的应用情况。研究发现：（1）2013 年以后机器人使用规模呈爆发式增长态势，但工业机器人主要应用在汽车制造业、电气电子制造业以及工业机械制造业，像造纸业、纺织业以及木材和家具制造业这类劳动密集型行业的工业机器人应用水平反而最低。（2）中国出口规模主要经历了 1950—2001 年的平稳发展期、2002—2008 年的快速增长期以及 2009 年至今的结构调整期三个发展阶段，我国出口贸易方式从以加工贸易为主逐渐转变为以一般贸易为主，出口产品结构从以低技术含量为主逐步转变为以中高技术含量为主。（3）在 2000—2015 年间，企业出口产品质量并未发生明显变化。（4）企业使用机器人后出口规模和中高技术工业制成品出口份额普遍有所提升，但机器人应用后的企业出口增长主要来自加工贸易。

从生产要素流动的视角考察工业智能化对中国城市出口规模的影响。这一章采用 2006—2016 年国际机器人联盟数据和中国海关数据，实证检验了工业智能化对中国出口行为的影响，并分析了机器人应用的空间重组效应。研究发现：（1）工业智能化显著促进了城市出口增长，工业机器人使用密度上升 1 个百分点，城市内产品出口额将上升 0.17%。而人工智能带来的产品出口增长主要表现在数量边际，对价格边际和扩展边际没有显著影响。（2）从生产要素流动视角来看，工业智能化通过吸引高技能劳动力流入和促进资本转移间接作用于城市出口增长。（3）工业智能化在促进加工贸易和一般贸易出口增长的同时，推动我国贸易方式逐渐向加工贸易转变，在贸易方式转型升级方面的作用有待激发。在出口产品结构调整方面，机器人对技术类工业制成品的出口均具有显著的促进作用，并通过大幅度提升高技术产品出口份额实现出口产品技术结构优化。此外，在这一章样本期内工业智能化对出口市场结构调整的影响效应尚未显现。（4）考虑到城市间生产要素的关联性，城市工业智能化在促进本地出口增长的同时，抑制了周边城市的出口扩张，存在虹吸效应，但总体上工业智能化显著推动了中国出口增长。

　　从出口结构转型升级的视角分析工业智能化对中国企业出口产品多元化的影响。在考虑机器人和普通资本品区别的基础上，这一章使用2000—2013年中国工业企业数据和中国海关数据，以按照年份逐层倾向得分匹配的方法，构建控制组，并运用双重差分法考察工业智能化与中国企业出口产品多元化的因果关系，分析这一影响效应的动态变化，并从生产率、生产成本、市场份额以及中间品进口等维度出发进行机制检验。研究发现：（1）不论是采用出口产品多元化指数还是出口产品种类数目衡量企业出口产品多元化水平，工业智能化均显著促进了中国企业出口产品多元化提升，且这一促进效应在企业首次进口机器人当年显著，第二年达到最大，随后逐渐减小，在进口后的第五年完全消失。（2）从异质性分析结果来看，相比于其他对应类型企业，工业智能化对中国企业出口产品多元化的提升效应主要集中于非国有企业、一般贸易企业以及高竞争行业企业。（3）影响机制结果表明，工业智能化对中国企业出口产品多元化的促进作用主要是通过提高企业生产率、扩大企业市场份额、增加高质量中间品进口来实现的，但并未对企业生产成本产生明显的影响。（4）工业智能化导致的市场竞争增强会对行业内其他未使用机器人的企业出口产品多元化产生显著的负向抑制作用，该负外部性主要来源于民营企业，这一结果意味着机器人应用促使行业内企业间抵御外部冲击的能力差距拉大，资源配置的不平等态势逐渐凸显。

从上下游产业关联的视角探究工业智能化对中国企业出口产品质量的影响。这一章首先在 Baldwin 和 Harrigan（2011）垄断竞争模型基础上构建了一个包含中间投入品质量在内的理论框架，从理论上阐述了不同渠道工业智能化如何影响企业出口产品质量；其次，利用国际机器人联盟数据、WORLD KLEMS 数据和中国投入产出数据，基于 Bartik-type 方法，分别构建了行业内和行业间前向关联渠道和后向关联渠道的工业机器人使用密度指标，实证分析了行业内和行业间各渠道工业机器人应用对企业出口产品质量的影响；最后，进一步探究机器人应用在企业内产品间的资源再配置效应。研究发现：（1）行业内和行业间前向关联渠道工业智能化显著促进了企业出口产品质量升级，行业间后向关联渠道工业智能化对企业产品质量变动不存在显著影响效应。（2）各渠道工业智能化对中国企业出口产品质量的影响与企业所有制类型和行业要素密集度密切相关。其中，同行业工业智能化对劳动密集型行业产品质量的促进作用仅体现在食品和饮料业以及木材和家具业，对纺织和服装业的产品质量升级具有负向抑制作用，但不显著。（3）各渠道工业智能化虽然促进了企业出口产品范围扩张，但将更多资源转移至核心产品上，使得行业内和行业间前向关联渠道工业智能化对核心产品的促进作用更明显。

从新旧动能转换的视角考察工业智能化对中国出口企业创新表现的影响。这一章借助 2000—2009 年中国工业企业数据库和中国海关数据库，考察了工业智能化是否以及如何影响中国企业创新行为，并进一步检验了影响机制。研究发现：（1）工业智能化显著促进了企业新产品产值的提高，有利于企业创新。与未使用机器人的企业相比，使用机器人的企业新产品产值平均高出 13.5%。（2）从异质性分析结果来看，相比于其他对应类型企业，工业智能化对中国企业创新的促进效应主要集中于外资企业以及加工贸易企业。（3）影响机制结果表明，工业智能化对企业创新的促进作用主要是通过中间品进口扩张效应、利润增加效应以及人力资本提升效应实现的。（4）从企业创新的动机视角，基于 2000—

2013 年中国专利数据库和中国工业企业数据库进一步识别出机器人应用对出口企业创新效果的影响，发现工业智能化显著增加了企业专利申请总数，尤其是发明专利申请数量显著增加，表明工业智能化推动企业实施实质性创新战略，在技术创新过程中更加注重创新"质量"，而非创新"数量"。

第二节　政策建议

2019 年中共中央、国务院印发的《关于推进贸易高质量发展的指导意见》明确指出"要增强贸易创新能力，提高产品质量，优化国际市场布局和国内区域布局"。根据本书研究结论不难发现，机器人红利将有效替代人口红利，为推动中国出口贸易高质量发展提供有效的路径。如何增添贸易发展新动能和培育外贸竞争新优势、实现中国对外贸易可持续和高质量发展是当前经济发展战略的重要目标，工业智能化的合理利用无疑是实现上述战略目标的重要抓手。据此，本书提出以下政策建议。

1. 积极推动智能制造普及应用，提升人工智能技术自主创新能力

面对着复杂多变的外部环境和人口红利逐渐摊薄、资源环境约束日益趋紧的内部环境，工业智能化成为中国制造破局突围的关键一招。重点发展机器人产业有助于中国在新一轮科技革命和产业变革中取得先机，也成为现阶段中国"稳出口"和贸易高质量发展的重要举措。本书研究发现：一方面，工业智能化为中国出口贸易创造了新的增长点，城市工业智能化水平提升对当地产品出口规模具有显著的促进作用；另一方面，工业智能化有助于促进企业出口产品多元化提升、出口产品技术结构优化、出口产品质量提高，为中国企业增强外贸抗压能力和韧性、破解"出口低端锁定"的困境和做大做强，提供了新的战略选择。然而，在第二章特征事实中，本书发现虽然中国机器人总保有量从 2013 年开始快速增长且 2016 年后连续位居世界第一，但由于中国人口基数较大，2019 年

我国工业机器人使用密度仅为 187 台 / 万人，世界排名第十五，远低于
新加坡的 918 台 / 万人和韩国的 855 台 / 万人。同时，工业机器人使用的
行业差异巨大，主要应用于电气电子制造业和汽车制造业，总保有量超
过 10 万台，而像造纸业、纺织业、木材和家具制造业工业机器人规模相
对较低，总保有量不超过 3 千台。这意味着中国工业机器人仍存在较大
的市场增长空间，应进一步推动机器人向制造业其他行业以及服务业的
普及应用，扩大智能制造技术带来的积极影响。鉴于此，中国政府应积
极制定相关的政策措施以鼓励和支持企业使用工业机器人，具体如下。

第一，建立和完善推动企业使用智能制造的财政资助机制。以搬运
机器人为例，2016 年搬运机器人的平均进口价格约为 53,000 元 / 台，全
国劳动力最低工资平均约为每月 2,000 元。虽然搬运机器人可以每天连续
工作 24 个小时，同时至少执行三四个劳动力的工作任务，使得企业能够
在使用机器人 1 年后收回成本，但是这一物质资本投资会在初期大幅度
增加企业成本，限制了企业尤其是融资困难的中小企业使用机器人。因
此，政府应进一步建立和完善支持企业实施智能改造的财政补贴政策，
根据智能化技术含量实施阶梯式奖励机制，推动企业由部分生产环节低
技术含量的机器人应用向拥有核心技术的生产线全自动化改造发展。

第二，提高人工智能核心技术的自主创新能力，采用产学研用相结
合的方式攻克技术难关。现阶段，国产机器人大多为搬运机器人，技术
水平较低，外资企业垄断了高端机器人和机器人中关键零部件的生产，
中国应提高机器人核心技术的自主创新能力，打破国外技术封锁。中国
机器人产业应采用产学研用相结合的方式集中优势资源和力量率先开展
核心零部件和重大标志性产品的技术攻关，加大具有市场导向的高端机
器人产品的研发力度，营造良好的机器人产业创新发展环境。

第三，将新一代人工智能技术与机器人融合，实现智能制造。中国
广泛应用机器人不仅仅是单纯为了实现大批量生产而进行的自动化改造，
还应该以机器人为载体，实现信息技术和制造技术的深度融合，进行数

字化智能化转型,实现制造业企业柔性化和自动化生产,助推中国制造在国际市场上弯道超车。2020年,德国风力叶片制造工厂ENERCON公司使用了以色列Plataine公司基于人工智能的优化解决方案,通过两个公司信息系统的联合应用,借助云计算和机器学习技术,自动收集和创建所有工作指令,制定最优的生产计划,保证生产资料的可溯性和产品质量的一致性,在最大程度上提高资源利用率、降低生产成本。

2.细化区域政策尺度,针对不同地区实施差异化的机器人产业发展规划

近年来,虽然我国工业机器人使用规模呈爆发式增长态势,但是机器人的使用规模和增长幅度都表现出明显的空间分布不平衡特征,主要分布在珠三角地区以及东北三省。而我国不同地区的出口规模同样存在分布不均衡的特点,一般贸易和加工贸易均以东部沿海地区为主。本书研究发现,工业智能化会导致出口贸易增长方式向加工贸易转变,内陆地区工业智能化对出口规模的影响不显著,出口促进作用有待激发。因此,为了尽可能地缩小区域间的生产技术水平差距以及避免对外贸易区域发展失衡,我国政府应在不同地区制定差异化的机器人产业发展规划,更多地鼓励和支持内陆地区智能化生产技术的普及应用。

首先,内陆地区政府应加大对机器人产业的金融扶持力度,树立"机器人红利"的观念。生产技术水平比较落后的内陆地区要意识到"机器人红利"是内陆地区抢占未来制造业高地的关键,应积极向沿海地区学习大幅度推动机器人产业发展。引导中西部和东北地区承接加工贸易梯度转移是促进区域协调发展的重要举措,内陆地区要想在当前发达国家制造业回流背景下分得一杯羹,必须更大力度地为企业实现自动化生产提供金融支持,打造工业智能化生产线建设及改造示范项目,建设智能制造公共服务平台以实现信息共享。通过大规模引进自动化生产线帮助内陆地区打造制造业新优势,助推中国国内加工贸易的区域转移,提高内陆地区开放型经济比重。

其次，建设梯度化专业人才队伍。由于技术与技能的互补性，企业实施人工智能战略需要高技能人才的支持。内陆地区相比于沿海地区，专业人才更加稀缺，应更大力度地培育和吸引高素质人才。例如，内陆地区应根据智能制造产业发展的需要，为不同级别的人才提供专项人才引进计划。针对新兴技术领域的核心科研人才，提供国家级实验室和相关配套实验设备，解决家属和子女的生活问题，提高科研补贴和人才引进费等。针对技术工人，可以相应地降低社保缴费和纳税额，提供住房补贴和科研启动经费等。此外，内陆地区还应进一步优化人才教育培养体系，在培养研究型人才的同时完善规范职业技能培训的市场环境，鼓励建立一批智能制造实训基地以培养技能型专业人才。

最后，沿海地区应制定其他促进贸易的配套措施引导外贸结构优化，积极开拓新兴市场。根据本书研究结论可以看出，工业智能化促使城市出口贸易方式由一般贸易向加工贸易转变，提高了加工贸易出口占比，降低了一般贸易出口占比，不利于我国在国际分工中的地位提升，而这一效应重点体现在沿海地区。因此，沿海地区大力发展包括机器人在内的战略性新兴行业不仅是为了稳定出口，还要在制定相关智能制造政策时注重出口结构调整，更好地发挥先进制造业在转变贸易增长方式与优化出口结构过程中的作用。例如，沿海地区相应地降低加工贸易补贴，为科技型企业提供税收优惠政策，为中小企业开拓国际市场提供专项资金支持等。

3. 注重区域外贸协调发展，消除机器人应用引致的外贸"以邻为壑"现象

在探究工业智能化对中国城市出口规模影响时，发现工业智能化虽然在总体上能够促进出口规模扩张，但拉大了区域间外贸水平差距。工业智能化水平较高的城市容易产生虹吸效应，吸引劳动力和资本转移，从而导致当地出口规模扩张、邻近城市出口规模下降，不利于区域外贸协调发展，使得部分邻近城市在贸易发展中逐渐被边缘化。因此，地方

政府应积极制定相关的政策措施以缓解这一空间形式的"荷兰病",具体如下。

第一,合理分配资源,谨防工业智能化产生的虹吸效应。第三章的实证分析结果显示,工业智能化水平较高的城市例如珠三角地区,在智能制造普及应用过程中会促进更多的生产要素流入这部分城市,意味着其周边城市生产要素的流出。如果高工业智能化水平的城市的发展是以削弱周边区域发展资源为代价的话,工业智能化引致的虹吸效应将对整体区域外贸发展和空间布局产生不利的影响,因此我国应更加重视虹吸效应的形成。一方面,工业智能化水平较高的地区政府应合理分配城市资源,避免生产要素过度集聚造成拥挤,依托资源优势提升城市核心竞争力,大力发展特色优势产业。另一方面,构建区域分工合作体系,以区域合作促进区域间协调发展。工业智能化水平较高地区的周边城市错位发展,大力推动与高工业智能化城市互补的产业发展,例如生产性服务业、战略性新兴产业等,积极承接来自高智能化城市的产业转移,实现生产要素在区域内的有效配置。

第二,积极改善就业创业环境,增加就业机会,重视吸引和留住高技能人才。前文的研究发现劳动力流动是工业智能化影响城市出口规模的重要影响途径,工业智能化会导致劳动力,尤其是高技能劳动力流向智能化高的城市,进而导致其周边城市的出口规模下降。因此,首先,周边城市要着力改善劳动者就业环境,完善工资正常增长机制,通过开展就业帮扶培训等活动提升劳动者就业创业能力,给予创业政策扶持,让创业带动就业,努力为劳动力提供更多更好的就业机会,避免大规模高技能劳动力外流。其次,加大人才引进力度,促进区域人力资本加速积累。各地区应"不拘一格降人才",通过现金补贴、就业落户、购房低息贷款等优惠政策吸引和留住人才,形成区域人才集聚并引起产业集聚,进而推动区域经济和外贸发展、实现产业结构升级。最后,要加强人才跨区域交流,积极推进区域人才开发合作,通过相互借鉴、相互学习、资源共享、信息贯通提高创新能力，推动城市高质量发展。

第三，因地制宜发展主导产业，积极围绕制造业加强招商引资。制造业是推动我国城市经济发展的主要驱动力和重要基础，为我国提供了大量的就业岗位。本书研究发现，工业智能化具有资本要素地理格局重塑效应，工业智能化水平提高会显著增加城市新增工业企业数量，并吸引制造业向其转移，从而实现出口增长。因此，一方面高工业智能化城市的周边城市应进一步加大制造业招商引资力度，为制造业企业，尤其是先进制造业企业提供相应的财政扶持、购地扶持、科技研发扶持等政策，减少制造业跨区域外流；另一方面，各城市应因地制宜避免盲目扩大制造业规模，充分发挥各地的比较优势来制定相关发展规划。例如，对于服务业密集度高的城市而言，应集中力量优先发展服务业，通过做大做强服务业推动城市经济增长，而不是跟风地强化制造业招商引资。

4. 合理引入智能制造，注重产业关联

本书研究结果表明，工业智能化并不是成本节约型技术进步，其主要促进了生产效率的提升。而从上下游产业关联的角度考察工业智能化对企业出口产品质量的影响时，发现行业内和行业间前向关联渠道工业智能化显著促进了企业出口产品质量升级。为此，积极引导生产设备的产业选择，加强国内上下游产业联动和结构调整，不仅有助于延长我国国内产业链，也关系到我国出口产品质量升级。

首先，注重生产设备的产业选择，避免制造业盲目智能化。根据本书研究结论，同行业工业智能化对劳动密集型行业产品质量的促进作用仅体现在食品和饮料业以及木材和家具业，对纺织和服装业的产品质量升级具有负向抑制作用，但不显著。因此，智能制造的产业选择要注重国内产业自身的结构特征和生产经营状况，并不是所有企业都要大规模进行智能化改造。对于纺织和服装业而言，低端自动化生产设备的引进反而因增加企业生产成本而对出口升级产生了负向影响。我国企业的工业智能化应当选择那些具有高技术含量和高附加值的优势产业，同时为争取工业智能化在产业联动的作用下对中国出口贸易高质量发展带来最大的正向影响，还应选择那些产业供应链较长、对中国出口结构转型升级和高质量发展辐射带动效果较大的产业。

其次，加强国内上下游产业联动和结构调整，完善国内制造业产业链。本书研究发现，行业内的工业智能化不仅促进了该行业企业的发展，还通过产业关联带动国内其他行业企业的发展，从而实现国内产业价值链上下游企业的产品质量共同升级，推动出口贸易高质量发展。因此我国应加强国内上下游产业联动和结构调整，缩小行业间企业产品质量差距。具体包括：第一，运用互联网、大数据等技术手段，构建功能完善、结构完整的制造业生产网络，重视新冠疫情对全球产业链和供应链的重大调整，补足抗击新冠过程中产业链，尤其是高端产业链暴露出的短板，吸引海外高端制造业及现代服务业项目落户，拓展上下游产业联动空间；第二，政府不仅要支持包括机器人产业在内的战略性新兴产业和优势产业的发展，还要充分利用已有优势发展劣势产业，改变单一的产业转化结构，实现产业间协调发展；第三，打破地区保护和区域封锁，消除区域间的壁垒，实现全国范围内商品、信息和生产要素的自由流动，避免信息不对称造成的福利损失，通过区域一体化和市场化帮助企业寻找到最优的供应商。

最后，不同要素密集度的企业应有针对性地重视上下游行业工业智能化水平，更大程度地发挥工业智能化的产业联动效应。本书研究结果表明，同行业和行业间前向关联渠道工业智能化对劳动密集型和资本密集型企业出口产品质量提升存在显著的促进作用，行业间后向关联渠道的影响不显著，而行业间各渠道工业智能化均对技术密集型行业出口产品质量提升具有显著的正向影响，但同行业工业智能化对其无显著影响。鉴于此，对于劳动密集型企业和资本密集型企业而言，应当积极提高企业自身的自动化生产水平，并在选择中间投入品时选取工业智能化水平高的上游企业，以此来提升企业出口产品质量。对于技术密集型企业而言，要注重选择智能化水平高的上下游企业，适当增加企业自身的机器人使用规模，通过前向关联和后向关联效应实现技术密集型企业出口产品质量提升。

5. 继续深化国有企业改革，引导创新资源平等配置

根据本书的研究结论，工业智能化对产品质量促进作用主要体现在外资企业和民营企业，对出口企业创新的促进作用主要集中于外资企业，对国有企业的影响都不显著。这主要是由于国有企业承担"稳就业"的职责，用工制度相对僵化，工业智能化对国有企业的劳动力替代效应有待激发，同时国有企业行业间投入产出关联度较弱以及历史文化原因促使其技术吸收能力和学习意愿也相对较低。为激发工业智能化对国有企业出口升级的积极影响，继续深化国有企业改革还需要做到以下几点：一是改进对国有企业的财政支持方式，坚持效益为先的财政资金使用方向，减少对国有企业的生产性补贴，通过市场经济激发国有企业活力、增强国有企业创新意识；二是打破造成融资难的所有制界限，为各类企业提供平等的融资机会和待遇，加强对国有企业投融资项目的审查和管理，降低国有企业杠杆率，防止国有企业因政绩需要盲目通过融资来扩大企业规模和产能造成过度负债和产能过剩共存的问题；三是增强国有企业决策的自主性，简化生产过程中的审批流程，防止因行政制度僵化及用工制度不灵活导致的资源错配，同时要加大力度处理"僵尸企业"，释放大量沉淀资源。

本书研究结论还显示，工业智能化带来的水平溢出效应主要抑制了行业内未使用机器人的民营企业出口产品多元化提升，这一结果意味着工业智能化促使行业内企业间抵御外部冲击的能力差距拉大，创新资源配置的不平等态势逐渐凸显。故政府在合理推动工业智能化的同时，应将工业智能化对未进行智能化改造的民营企业出口结构转型升级的负向冲击考虑进来，通过制定相应的扶持政策抵消这一负向影响，促进民营企业做大做强，避免创新资源不平等配置。例如，为民营企业和中小企

业提供更多的财政支持和融资支持，通过"新三板"挂牌融资、互联网金融融资、知识产权质押融资等方式拓宽其融资渠道，借助数字化推动各类企业融通发展等。

此外，本书研究发现，工业智能化显著增加了企业总专利申请数量，特别是发明专利申请数量显著增加，表明工业智能化推动企业实施实质性创新战略，在技术创新过程中注重创新"质量"，而非创新"数量"。因此，政府应通过实施人工智能战略加剧市场竞争来挖掘企业自主创新潜力，推动企业实施实质性创新战略，提高企业创新质量，摆脱创新产出"大而不强"的局面。

参考文献

[1]Acemoglu D. *Labor-and Capital-Augmenting Technical Change*[J]. *Journal of the European Economic Association*，2003，1（1）：1-37.

[2]Acemoglu D. *Directed Technical Change*[J]. *Review of Economic Studies*，2002，69（4）：781-809.

[3]Acemoglu D，Restrepo P. *Artificial Intelligence，Automation and Work*[A]. *The Economics of Artificial Intelligence：An Agenda*[M]. University of Chicago Press，2018a：197-236.

[4]Acemoglu D，Restrepo P. *Robots and Jobs：Evidence from US Labor Markets*[J]. *Journal of Political Economy*，2020a，128（6）：2188-2244.

[5]Acemoglu D，Restrepo P. *Automation and New Tasks：How Technology Displaces and Reinstates Labor*[J]. *Journal of Economic Perspectives*，2019，33（2）：3-30.

[6]Acemoglu D，Restrepo P. *The Race Between Man and Machine：Implications of Technology for Growth，Factor Shares，and Employment*[J]. *American Economic Review*，2018b，108（6）：1488-1542.

[7]Acemoglu D，Restrepo P. *Modeling Automation*[J]. *AEA Papers and Proceedings*，2018c，108：48-53.

[8]Acemoglu D，Autor D. *Skills，Tasks and Technologies：Implications for Employment and Earnings*[J]. *Handbook of Labor Economics*，2011，4：

1043—1171.

[9]Acemoglu D, Restrepo P. *Unpacking Skill Bias: Automation and New Tasks*[J]. *AEA Papers and Proceedings*, 2020b, 110: 356—361.

[10]Acemoglu D, Restrepo P. *Low-Skill and High-Skill Automation[J]. Journal of Human Capital*, 2018d, 12 (2): 204—232.

[11]Acemoglu D, Restrepo P. *Tasks, Automation, and the Rise in US Wage Inequality*[EB/OL]. NBER Working Papers, 2021.

[12]Acemoglu D, Lelarge C, Restrepo P. *Competing with Robots: Firm-Level Evidence from France*[J]. *AEA Papers and Proceedings*, 2020, 110: 383—388.

[13]Acemoglu D, Restrepo P. *Demographics and Automation*[J]. Boston University—Department of Economics—The Institute for Economic Development Working Papers Series, 2018e.

[14]Aghion P, Jones B F, Jones C I. *Artificial Intelligence and Economic Growth*[EB/OL]. NBER Chapters, 2018.

[15]Anwar S, Sun S. *Foreign Direct Investment and Export Quality Upgrading in China's Manufacturing Sector*[J]. *International Review of Economics & Finance*, 2017, 54 (MAR.): 289—298.

[16]Artuc E, Bastos P, Rijkers B. *Robots, Tasks, and Trade*[J]. CEPR Discussion Papers, 2020.

[17]Athukorala P C. *Manufactured Exports and Terms of Trade of Developing Countries: Evidence from Sri Lanka*[J]. *The Journal of Development Studies*, 2000, 36 (5): 89—104.

[18]Autor D, Salomons A. *Is Automation Labor-Displacing? Productivity Growth, Employment, and the Labor Share*[EB/OL]. NBER Working Papers, 2018.

[19]Autor D, Dorn D, Katz L F, et al. *The Fall of the Labor Share and the*

Rise of Superstar Firms[J]. *The Quarterly Journal of Economics*, 2020, 135（2）: 645-709.

[20]Autor D H. *Why Are There Still So Many Jobs? The History and Future of Workplace Automation*[J]. *Journal of Economic Perspectives*, 2015, 29（3）: 3-30.

[21]Autor D H, Dorn D. *The Growth of Low-Skill Service Jobs and the Polarization of the US Labor Market*[J]. *American Economic Review*, 2013, 103（5）: 1553-1597.

[22]Backer K D, Destefano T, Menon C, et al. *Industrial Robotics and the Global Organisation of Production*[EB/OL]. OECD Science Technology & Industry Working Papers, 2018.

[23]Baldwin R, Harrigan J. *Zeros, Quality, and Space: Trade Theory and Trade Evidence*[J]. *American Economic Journal: Microeconomics*, 2011, 3（2）: 60-88.

[24]Bas M, Strauss-Kahn V. *Input-Trade Liberalization, Export Prices and Quality Upgrading*[J]. *Journal of International Economics*, 2015, 95: 250-262.

[25]Baum-Snow N, Henderson J V, Turner M, et al. *Transport Infrastructure, Urban Growth and Market Access in China*[A]. Ersa Conference Papers[C]. 2015.

[26]Benmelech E, Zator M. *Robots and Firm Investment*[J]. NBER Working Papers, 2022.

[27]Benzel S G, Kotlikoff L J, Lagarda G, et al. *Robots Are Us: Some Economics of Human Replacement*[J]. Boston University—Department of Economics—Working Papers Series, 2019.

[28]Bernard A B, Redding S J, Schott P K. *Comparative Advantage and Heterogeneous Firms*[J]. *The Review of Economic Studies*, 2007, 74（1）:

31-66.

［29］Bernard A B, Redding S J, Schott P K. *Multiple-Product Firms and Product Switching*[J]. *American Economic Review*, 2010, 100（1）: 70-97.

［30］Bernard A B, Redding S J, Schott P K. *Multiproduct Firms and Trade Liberalization*[J]. *The Quarterly Journal of Economics*, 2011, 126（3）: 1271-1318.

［31］Bessen J E. *Automation and Jobs: When Technology Boosts Employment*[J]. *Economic Policy*, 2019, 34（100）: 589-626.

［32］Blanas S, Gancia G, Sang Y L. *Who is Afraid of Machines?* [J]. *Economic Policy*, 2019, 34（100）: 627-690.

［33］Bonfiglioli A, Crinò R, Fadinger H, et al. *Robot Imports and Firm-Level Outcomes*[EB/OL]. CESifo Working Paper Series, 2020.

［34］Brambilla I. *Multinationals, Technology, and the Introduction of Varieties of Goods*[J]. *Journal of International Economics*, 2009, 79（1）: 89-101.

［35］Brandt L, Biesebroeck J V, Zhang Y. *Creative Accounting or Creative Destruction? Firm-Level Productivity Growth in Chinese Manufacturing*[J]. *Journal of Development Economics*, 2012, 97（2）: 339-351.

［36］Branstetter L G, Drev M, Kwon N. *Get with the Program: Software-Driven Innovation in Traditional Manufacturing*[J]. *Management Science*, 2019, 65（2）: 541-558.

［37］Broda C, Greenfield J, Weinstein D E. *From Groundnuts to Globalization: A Structural Estimate of Trade and Growth*[J]. *Research in Economics*, 2017, 71（4）: 759-783.

［38］Brynjolfsson E, Mitchell T. *What Can Machine Learning Do? Workforce Implications*[J]. *Science*, 2017, 358（6370）: 1530-1534.

[39]Carbonero F, Ernst E, Weber E. *Robots Worldwide: The Impact of Automation on Employment and Trade*[J]. *IAB Discussion Paper*, 2020.

[40]Chatterjee A, Dix-Carneiro R, Vichyanond J. *Multi-Product Firms and Exchange Rate Fluctuations*[J]. *American Economic Journal: Economic Policy*, 2013, 5（2）: 77-110.

[41]Che Y, Zhang L. *Human Capital, Technology Adoption and Firm Performance: Impacts of China's Higher Education Expansion in the Late 1990s*[J]. *Economic Journal*, 2018, 128（614）: 2282-2320.

[42]Cheng H, Jia R, Li D, et al. *The Rise of Robots in China*[J]. *Journal of Economic Perspectives*, 2019, 33（2）: 71-88.

[43]Clarke G R G, Wallsten S J. *Has the Internet Increased Trade? Developed and Developing Country Evidence*[J]. *Economic Inquiry*, 2006, 44（3）: 465-484.

[44]Colantone I, Crino R. *New Imported Inputs, New Domestic Products*[J]. *Journal of International Economics*, 2014, 92（1）: 147-165.

[45]Dai M, Maitra M, Yu M. *Unexceptional Exporter Performance in China? The Role of Processing Trade*[J]. *Journal of Development Economics*, 2016, 121: 177-189.

[46]Dauth W, Findeisen S, Suedekum J, et al. *Adjusting to Robots: Worker-Level Evidence*[M]. Opportunity and Inclusive Growth Institute Working Papers, 2018.

[47]De Loecker J. *Do Exports Generate Higher Productivity? Evidence from Slovenia*[J]. *Journal of International Economics*, 2007, 73（1）: 69-98.

[48]Decanio S J. *Robots and Humans—Complements or Substitutes?*[J]. *Journal of Macroeconomics*, 2016, 49: 280-291.

[49]Destefano T, Backer K D, Suh J R. *Industrial Robotics and Product（ion） Quality*[EB/OL]. OECD Science, Technology and Industry Working

Papers, 2019.

[50]Destefano T, Timmis J D. *Robots and Export Quality*[EB/OL]. Policy Research Working Paper Series, 2021.

[51]Dhingra S. *Trading Away Wide Brands for Cheap Brands*[J]. *American Economic Review*, 2013, 103 (6): 2554-2584.

[52]Dinlersoz E, Wolf Z. *Automation, Labor Share, and Productivity: Plant-Level Evidence from U.S. Manufacturing*[EB/OL]. US Census Bureau Center for Economic Studies Working Paper, 2018.

[53]Eckel C, Neary J P. *Multi-Product Firms and Flexible Manufacturing in the Global Economy*[J]. *The Review of Economic Studies*, 2010, 77 (1): 188-217.

[54]Elhorst J P. *Spatial Econometrics: From Cross-Sectional Data to Spatial Panels*[M]. Berlin Springer, 2014.

[55]Faber M. *Robots and Reshoring: Evidence from Mexican Labor Markets*[J]. *Journal of International Economics*, 2020, 127: 103-384.

[56]Fan H, Li Y A, Yeaple S R. *Trade Liberalization, Quality, and Export Prices*[J]. *Review of Economics and Stats*, 2015, 97 (5): 1033-1051.

[57]Fan H, Lai L C, Li Y A. *Credit Constraints, Quality, and Export Prices: Theory and Evidence from China*[J]. *Journal of Comparative Economics*, 2015, 43 (2): 390-416.

[58]Fan H, Hu Y, Tang L. *Labor Costs and the Adoption of Robots in China*[J]. *Journal of Economic Behavior & Organization*, 2021, 186: 608-631.

[59]Fan J, Tang L, Zhu W, et al. *The Alibaba Effect: Spatial Consumption Inequality and the Welfare Gains from E-Commerce*[J]. *Journal of International Economics*, 2018, 114: 203-220.

[60]Feenstra R, Ma H. *Optimal Choice of Product Scope for Multiproduct*

Firms under Monopolistic Competition[EB/OL]. NBER Working Papers, 2007.

[61]Feenstra R C, Romalis J. *International Prices and Endogenous Quality*[J]. *Quarterly Journal of Economics*, 2014, 129（2）: 477−527.

[62]Fernandes A P, Tang H. *Learning to Export from Neighbors*[J]. *Journal of International Economics*, 2014, 94（1）: 67−84.

[63]Flach L, Irlacher M. *Product versus Process: Innovation Strategies of Multiproduct Firms*[J]. *American Economic Journal: Microeconomics*, 2018, 10（1）: 236−277.

[64]Ford M. *Rise of the Robots: Technology and the Threat of a Jobless Future* [M]. Basic Books, 2015.

[65]Freund C, Weinhold D. *The Internet and International Trade in Services*[J]. *American Economic Review*, 2002, 92（2）: 2433−2434.

[66]Freund C L, Weinhold D. *The Effect of the Internet on International Trade*[J]. *Journal of International Economics*, 2004, 62（1）: 171−189.

[67]Gasteiger E, Prettner K. *A Note on Automation, Stagnation, and the Implications of a Robot Tax*[EB/OL]. ECON WPS−Vienna University of Technology Working Papers in Economic Theory and Policy, 2020.

[68]Gomez−Herrera E, Martens B, Turlea G. *The Drivers and Impediments for Cross-Border E-Commerce in the EU*[J]. *Information Economics and Policy*, 2014, 28: 83−96.

[69]Goos M, Manning A, Salomons A. *Explaining Job Polarization: Routine-Biased Technological Change and Offshoring*[J]. *American Economic Review*, 2014, 104（8）: 2509−2526.

[70]Goyal A, Aneja R. *Artificial Intelligence and Income Inequality: Do Technological Changes and Worker's Position Matter?* [J]. *Journal of Public Affairs*, 2020, 20（4）: e2326.

［71］Graetz G, Michaels G. *Robots at Work*[J]. *The Review of Economics and Statistics*, 2018, 100（5）: 753−768.

［72］Halpern L, Koren M, Szeidl A. *Imported Inputs and Productivity*[J]. *American Economic Review*, 2015, 105（12）: 3660−3703.

［73］Hausmann R, Hwang J, Rodrik D. *What You Export Matters*[J]. *Journal of Economic Growth*, 2007, 12（1）: 1−25.

［74］Hellmanzik C, Schmitz M. *Virtual Proximity and Audiovisual Services Trade*[J]. *European Economic Review*, 2015, 77: 82−101.

［75］Hemous D, Olsen M. *The Rise of the Machines: Automation, Horizontal Innovation and Income Inequality*[EB/OL]. CEPR Discussion Papers, 2014.

［76］Hoedemakers L. *The Changing Nature of Employment: How Technological Progress and Robotics Shape the Future of Work*[D]. Sweden: Lund University, 2017.

［77］Huang X, Song X, Hu X. *Does "Internet Plus" Promote New Export Space for Firms? Evidence from China*[J]. *China & World Economy*, 2018, 26（6）: 50−71.

［78］Huang X, Song X. *Internet Use and Export Upgrading: Firm-Level Evidence from China*[J]. *Review of International Economics*, 2019, 27（4）: 1126−1147.

［79］Hummels D, Ishii J, Yi K. *The Nature and Growth of Vertical Specialization in World Trade*[J]. *Journal of International Economics*, 2001, 54（1）: 75−96.

［80］Jones R. *The Role of Technology in the Theory of International Trade*[J]. *NBER Chapters*, 1970, 10（4）: 436−457.

［81］Kasahara H, Rodrigue J. *Does the Use of Imported Intermediates Increase Productivity? Plant-Level Evidence*[J]. *Journal of Development Economics*,

2008, 87（1）: 106-118.

[82]Kee H L, Tang H. *Domestic Value Added in Exports: Theory and Firm Evidence from China*[J]. *American Economic Review*, 2016, 106（6）: 1402-1436.

[83]Khandelwal A K, Schott P K, Wei S J. *Trade Liberalization and Embedded Institutional Reform: Evidence from Chinese Exporters*[J]. *American Economic Review*, 2013, 103（6）: 2169-2195.

[84]Koch M, Manuylov I, Smolka M. *Robots and Firms*[EB/OL]. Economics Working Papers, 2019.

[85]Koopman R, Wang Z, Wei S. *Estimating Domestic Content in Exports When Processing Trade is Pervasive*[J]. *Journal of Development Economics*, 2012, 99（1）: 178-189.

[86]Krenz A, Prettner K, Strulik H. *Robots, Reshoring, and the Lot of Low-Skilled Workers*[J]. *European Economic Review*, 2021, 136: 103744.

[87]Kromann L, Skaksen J R, Srensen A. *Automation, Labor Productivity and Employment—A Cross Country Comparison*[J]. Centre for Economic and Business Research, Copenhagen Business School, 2011.

[88]Krugman P. *A "Technology Gap" Model of International Trade*[A]. Jungenfelt K, Hague D. *Structural Adjustment in Developed Open Economies*[M]. London: Palgrave Macmillan UK, 1985: 35-61.

[89]Kugler M, Verhoogen E. *Prices, Plant Size, and Product Quality[J]*. *Review of Economic Studies*, 2012, 79（1）: 307-339.

[90]Kugler M, Verhoogen E. *The Quality-Complementarity Hypothesis: Theory and Evidence from Colombia*[EB/OL]. NBER Working Papers, 2008.

[91]Lall S. *The Technological Structure and Performance of Developing Country Manufactured Exports, 1985-1998*[J]. *Oxford Development*

Studies, 2000, 28（3）: 337-369.

[92]Lankisch C, Prettner K, Prskawetz A. *Robots and the Skill Premium: An Automation-Based Explanation of Wage Inequality*[J]. *Hohenheim Discussion Papers in Business, Economics and Social Sciences*, 2017.

[93]Lendle A, Olarreaga M, Schropp S, et al. *There Goes Gravity: eBay and the Death of Distance*[J]. *The Economic Journal*, 2016, 126（591）: 406-441.

[94]Lendle A, Vézina P. *Internet Technology and the Extensive Margin of Trade: Evidence from eBay in Emerging Economies*[J]. *Review of Development Economics*, 2015, 19（2）: 375-386.

[95]Lesage J P, Pace R K. *Introduction to Spatial Econometrics*[M]. CRC Press, Boca Raton, FL, 2009.

[96]Liu Q, Qiu L D. *Intermediate Input Imports and Innovations: Evidence from Chinese firms' Patent Filings*[J]. *Journal of International Economics*, 2016, 103（11）: 166-183.

[97]Manova K, Yu Z. *How Firms Export: Processing vs. Ordinary Trade with Financial Frictions*[J]. *Journal of International Economics*, 2016, 100: 120-137.

[98]Marí M A, Turco A L, Martínez-Zarzoso I. *What Is So Special About Robots and Trade?* [J]. Center for European, Governance and Economic Development Research Discussion Papers, 2020.

[99]Mayer T, Melitz M J, Ottaviano G. *Market Size, Competition, and the Product Mix of Exporters*[J]. *American Economic Review*, 2014, 104（2）: 495-536.

[100]Melitz M J. *The Impact of Trade on Intra-Industry Reallocations and Aggregate Industry Productivity*[J]. *Econometrica*, 2003, 71（6）: 1695-1725.

[101]Melitz M J, Ottaviano G. *Market Size, Trade, and Productivity*[J]. *Review of Economic Studies*, 2008, 75（1）: 295-316.

[102]Mion G, Zhu L. *Import Competition from and Offshoring to China: A Curse or Blessing for Firms?* [J]. *Journal of International Economics*, 2013, 89（1）: 202-215.

[103]Mitaritonna C, Orefice G, Peri G. *Immigrants and Firms' Outcomes: Evidence from France*[J]. *European Economic Review*, 2017, 96: 62-82.

[104]Mizobuchi H. *Multiple Directions for Measuring Biased Technical Change*[EB/OL]. CEPA Working Papers Series, 2015.

[105]Ndubuisi G, Avenyo E. *Estimating the Effects of Robotization on Exports*[EB/OL]. MERIT Working Papers, 2018.

[106]Paunov C, Rollo V. *Has the Internet Fostered Inclusive Innovation in the Developing World?* [J]. *World Development*, 2016, 78: 587-609.

[107]Qiu L, Yu M. *Multiproduct Firms, Export Product Scope, and Trade Liberalization: The Role of Managerial Efficiency*[Z]. Working Papers, 2014.

[108]Qiu L D, Wen Z. *Multiproduct Firms and Scope Adjustment in Globalization*[J]. *Journal of International Economics*, 2013, 91（1）: 142-153.

[109]Rosenbaum P R, Rubin D B. *Constructing a Control Group Using Multivariate Matched Sampling Methods That Incorporate the Propensity Score*[J]. *The American Statistician*, 1985, 39（1）: 33-38.

[110]Rubin P. *Assessing Sensitivity to an Unobserved Binary Covariate in an Observational Study with Binary Outcome*[J]. *Journal of the Royal Statistical Society*, 1983, 45（2）: 212-218.

[111]Stapleton K, Webb M. *Automation, Trade and Multinational Activity:*

Micro Evidence from Spain[EB/OL]. CSAE Working Paper Series，2020.

[112]Timmis J. *Internet Adoption and Firm Exports in Developing Economies*[Z]. Discussion Papers，2013.

[113]Trefler D. *International Factor Price Differences: Leontief Was Right!* [J]. *Journal of Political Economy*，1993，101（6）：961−987.

[114]Verhoogen E A. *Trade, Quality Upgrading and Wage Inequality in the Mexican Manufacturing Sector*[J]. *Quarterly Journal of Economics*，2008，123（2）：489−530.

[115]Wang Y，Li J. *ICT's Effect on Trade: Perspective of Comparative Advantage*[J]. *Economics Letters*，2017，155：96−99.

[116]Wang Z，Wei S J，Yu X，et al. *Re-Examining the Effects of Trading with China on Local Labor Markets: A Supply Chain Perspective*[EB/OL]. NBER Working Papers，2018，Working Paper No.24886.

[117]Yadav N. *The Role of Internet Use on International Trade: Evidence from Asian and Sub-Saharan African Enterprises*[J]. *Global Economy Journal*，2014，14（2）：189−214.

[118]Zeira J. *Workers, Machines, and Economic Growth*[J]. *Quarterly Journal of Economics*，1998，113（4）：1091−1117.

[119]蔡震坤，綦建红. 工业机器人的应用是否提升了企业出口产品质量——来自中国企业数据的证据 [J]. 国际贸易问题，2021（10）：17−33.

[120]曹静，周亚林. 人工智能对经济的影响研究进展 [J]. 经济学动态，2018（1）：103−115.

[121]陈昊，闫雪凌，杨立强. 对外贸易与制造业机器人使用：行业开放促进技术进步的新证据 [J]. 统计研究，2021（3）：44−57.

[122]陈旭，邱斌，刘修岩. 空间集聚与企业出口：基于中国工业企业数据的经验研究 [J]. 世界经济，2016（8）：94−117.

[123]陈彦斌，林晨，陈小亮. 人工智能、老龄化与经济增长 [J]. 经济研究，2019（7）：47-63.

[124]戴美虹. 互联网技术与出口企业创新活动——基于企业内资源重置视角 [J]. 统计研究，2019（11）：62-75.

[125]戴翔，刘梦. 人才何以成为红利——源于价值链攀升的证据 [J]. 中国工业经济，2018（4）：98-116.

[126]戴翔，张二震. 中间产品进口、出口多样化与贸易顺差——理论模型及对中国的经验分析 [J]. 国际经贸探索，2010（7）：25-30.

[127]樊海潮，郭光远. 出口价格，出口质量与生产率间的关系：中国的证据 [J]. 世界经济，2015（2）：58-85.

[128]樊海潮，李亚波，张丽娜. 进口产品种类、质量与企业出口产品价格 [J]. 世界经济，2020（5）：97-121.

[129]方森辉，毛其淋. 高校扩招、人力资本与企业出口质量 [J]. 中国工业经济，2021（11）：97-115.

[130]傅帅雄，罗来军. 技术差距促进国际贸易吗？——基于引力模型的实证研究 [J]. 管理世界，2017（2）：43-52.

[131]韩民春，韩青江，夏蕾. 工业机器人应用对制造业就业的影响——基于中国地级市数据的实证研究 [J]. 改革，2020（3）：22-39.

[132]何宇，陈珍珍，张建华. 人工智能技术应用与全球价值链竞争 [J]. 中国工业经济，2021（10）：117-135.

[133]胡晟明，王林辉，朱利莹. 工业机器人应用存在人力资本提升效应吗？ [J]. 财经研究，2021（6）：61-75.

[134]胡馨月，宋学印，陈晓华. 不确定性、互联网与出口持续时间 [J]. 国际贸易问题，2021（4）：62-77.

[135]黄旭，董志强. 人工智能如何促进经济增长和社会福利提升？ [J]. 中央财经大学学报，2019（11）：76-85.

[136]鞠晓生，卢荻，虞义华. 融资约束、营运资本管理与企业创新可持续

性 [J]. 经济研究，2013（1）：4-16.

[137]鞠雪楠，赵宣凯，孙宝文. 跨境电商平台克服了哪些贸易成本？——来自"敦煌网"数据的经验证据 [J]. 经济研究，2020（2）：181-196.

[138]孔高文，刘莎莎，孔东民. 机器人与就业——基于行业与地区异质性的探索性分析 [J]. 中国工业经济，2020（8）：80-98.

[139]李兵，李柔. 互联网与企业出口：来自中国工业企业的微观经验证据 [J]. 世界经济，2017（7）：102-125.

[140]李春顶. 中国出口企业是否存在"生产率悖论"：基于中国制造业企业数据的检验 [J]. 世界经济，2010（7）：64-81.

[141]李坤望，邵文波，王永进. 信息化密度、信息基础设施与企业出口绩效——基于企业异质性的理论与实证分析 [J]. 管理世界，2015（4）：52-65.

[142]李磊，徐大策. 机器人能否提升企业劳动生产率？——机制与事实 [J]. 产业经济研究，2020（3）：127-142.

[143]李磊，王小霞，包群. 机器人的就业效应：机制与中国经验 [J]. 管理世界，2021（9）：104-119.

[144]李磊. 机器人与企业出口 [Z]. Working Papers，2022.

[145]李瑞琴，王汀汀，胡翠. FDI 与中国企业出口产品质量升级——基于上下游产业关联的微观检验 [J]. 金融研究，2018（6）：91-108.

[146]李小平，李小克. 偏向性技术进步与中国工业全要素生产率增长 [J]. 经济研究，2018（10）：82-96.

[147]李小平，彭书舟，肖唯楚. 中间品进口种类扩张对企业出口复杂度的影响 [J]. 统计研究，2021（4）：45-57.

[148]李丫丫，潘安. 工业机器人进口对中国制造业生产率提升的机理及实证研究 [J]. 世界经济研究，2017（3）：87-96.

[149]林晨，等. 人工智能、经济增长与居民消费改善：资本结构优化的视角 [J]. 中国工业经济，2020（2）：61-83.

[150]林令涛，刘海洋，逯宇铎. 进口中间品、技术匹配与企业出口能力 [J]. 经济科学，2019（5）：31-43.

[151]刘斌，顾聪. 互联网是否驱动了双边价值链关联 [J]. 中国工业经济，2019（11）：98-116.

[152]刘海洋，高璐，林令涛. 互联网、企业出口模式变革及其影响 [J]. 经济学（季刊），2020（1）：261-280.

[153]刘莉亚，等. 生产效率驱动的并购——基于中国上市公司微观层面数据的实证研究 [J]. 经济学（季刊），2018（4）：1329-1360.

[154]刘啟仁，铁瑛. 企业雇佣结构、中间投入与出口产品质量变动之谜 [J]. 管理世界，2020（3）：1-23.

[155]刘晴，等. 融资约束、出口模式与外贸转型升级 [J]. 经济研究，2017（5）：75-88.

[156]卢福财，金环. 互联网是否促进了制造业产品升级——基于技术复杂度的分析 [J]. 财贸经济，2020（5）：99-115.

[157]吕越，罗伟，刘斌. 融资约束与制造业的全球价值链跃升 [J]. 金融研究，2016（6）：81-96.

[158]吕越，吕云龙，包群. 融资约束与企业增加值贸易——基于全球价值链视角的微观证据 [J]. 金融研究，2017（5）：63-80.

[159]吕越，谷玮，包群. 人工智能与中国企业参与全球价值链分工 [J]. 中国工业经济，2020（5）：80-98.

[160]马丹，何雅兴，张婧怡. 技术差距、中间产品内向化与出口国内增加值份额变动 [J]. 中国工业经济，2019（9）：117-135.

[161]马述忠，房超. 跨境电商与中国出口新增长——基于信息成本和规模经济的双重视角 [J]. 经济研究，2021（6）：159-176.

[162]马述忠，张洪胜，王笑笑. 融资约束与全球价值链地位提升——来自中国加工贸易企业的理论与证据 [J]. 中国社会科学，2017（1）：83-107.

［163］毛其淋. 人力资本推动中国加工贸易升级了吗？ [J]. 经济研究，2019
（1）：52-67.

［164］彭国华，夏帆. 中国多产品出口企业的二元边际及核心产品研究 [J].
世界经济，2013（2）：22.

［165］沈彬朝，沈国兵. 互联网化与中国企业出口产品多元化 [Z]. Working
Papers，2022.

［166］沈国兵，袁征宇. 互联网化、创新保护与中国企业出口产品质量提升
[J]. 世界经济，2020a（11）：127-151.

［167］沈国兵，袁征宇. 互联网化对中国企业出口国内增加值提升的影响 [J].
财贸经济，2020b（7）：130-146.

［168］沈国兵，袁征宇. 企业互联网化对中国企业创新及出口的影响 [J]. 经
济研究，2020c（1）：33-48.

［169］盛丹，李坤望，王永进. 劳动力流动会影响我国地区出口比较优势
吗？——基于省区工业细分产业数据的实证研究 [J]. 世界经济研究，
2010（9）：38-44.

［170］施炳展. 互联网与国际贸易——基于双边双向网址链接数据的经验分
析 [J]. 经济研究，2016（5）：172-187.

［171］施炳展，李建桐. 互联网是否促进了分工：来自中国制造业企业的证
据 [J]. 管理世界，2020（4）：130-149.

［172］施炳展，邵文波. 中国企业出口产品质量测算及其决定因素——培育
出口竞争新优势的微观视角 [J]. 管理世界，2014（9）：90-106.

［173］石小霞，刘东. 中间品贸易自由化、技能结构与出口产品质量升级 [J].
世界经济研究，2019（6）：82-94.

［174］宋跃刚，郑磊. 中间品进口、自主创新与中国制造业企业出口产品质
量升级 [J]. 世界经济研究，2020（11）：26-44.

［175］田巍，余淼杰. 中间品贸易自由化和企业研发：基于中国数据的经验
分析 [J]. 世界经济，2014（6）：90-112.

[176]汪建新,贾圆圆,黄鹏.国际生产分割、中间投入品进口和出口产品质量[J].财经研究,2015(4):54-65.

[177]王林辉,胡晟明,董直庆.人工智能技术会诱致劳动收入不平等吗——模型推演与分类评估[J].中国工业经济,2020(4):97-115.

[178]王书斌.工业智能化升级与城市层级结构分化[J].世界经济,2020(12):102-125.

[179]王文,牛泽东,孙早.工业机器人冲击下的服务业:结构升级还是低端锁定[J].统计研究,2020(7):54-65.

[180]王永进,施炳展.上游垄断与中国企业产品质量升级[J].经济研究,2014(4):116-129.

[181]王永钦,董雯.机器人的兴起如何影响中国劳动力市场?——来自制造业上市公司的证据[J].经济研究,2020(10):159-175.

[182]魏下海,张沛康,杜宇洪.机器人如何重塑城市劳动力市场:移民工作任务的视角[J].经济学动态,2020(10):92-109.

[183]项松林,赵曙东.中性还是偏向性技术变迁影响出口?——基于细分行业贸易数据的经验分析[J].财贸经济,2012(6):73-81.

[184]谢建国.外商直接投资与中国的出口竞争力——一个中国的经验研究[J].世界经济研究,2003(7):34-39.

[185]许家云,毛其淋,胡鞍钢.中间品进口与企业出口产品质量升级:基于中国证据的研究[J].世界经济,2017(3):52-75.

[186]闫雪凌,朱博楷,马超.工业机器人使用与制造业就业:来自中国的证据[J].统计研究,2020(1):74-87.

[187]杨飞,范从来.产业智能化是否有利于中国益贫式发展?[J].经济研究,2020(5):150-165.

[188]杨光,侯钰.工业机器人的使用、技术升级与经济增长[J].中国工业经济,2020(10):138-156.

[189]杨继军,马野青.中国的高储蓄率与外贸失衡:基于人口因素的视角

[J]. 国际贸易问题，2011（12）：148-157.

[190] 杨汝岱，吴群锋. 企业对外投资与出口产品多元化 [J]. 经济学动态，2019（7）：50-64.

[191] 易靖韬，乌云其其克. 中国贸易扩张的二元边际结构及其影响因素研究 [J]. 国际贸易问题，2013（10）：53-64.

[192] 易靖韬，蒙双. 多产品出口企业、生产率与产品范围研究 [J]. 管理世界，2017（5）：41-50.

[193] 易先忠，欧阳峣，傅晓岚. 国内市场规模与出口产品结构多元化：制度环境的门槛效应 [J]. 经济研究，2014（6）：18-29.

[194] 佘玲铮，等. 工业机器人、工作任务与非常规能力溢价——来自制造业"企业—工人"匹配调查的证据 [J]. 管理世界，2021（1）：47-59.

[195] 佘玲铮，魏下海，吴春秀. 机器人对劳动收入份额的影响研究——来自企业调查的微观证据 [J]. 中国人口科学，2019（4）：114-125.

[196] 岳云嵩，李兵. 电子商务平台应用与中国制造业企业出口绩效——基于"阿里巴巴"大数据的经验研究 [J]. 中国工业经济，2018（8）：97-115.

[197] 张国峰，王永进，李坤望. 产业集聚与企业出口：基于社交与沟通外溢效应的考察 [J]. 世界经济，2016（2）：48-74.

[198] 张杰，等. 融资约束、融资渠道与企业 R&D 投入 [J]. 世界经济，2012（10）：66-90.

[199] 张明志，陈榕景. 城市流动人口如何影响企业出口？ [J]. 经济学动态，2020（5）：85-100.

[200] 张盼盼，张胜利，陈建国. 融资约束、金融市场化与制造业企业出口国内增加值率 [J]. 金融研究，2020（4）：48-69.

[201] 张洋. 政府补贴提高了中国制造业企业出口产品质量吗 [J]. 国际贸易问题，2017（4）：27-37.

[202] 赵春明，等. 机器换人——工业机器人使用与区域劳动力市场调整

[J]. 北京师范大学学报（社会科学版），2020（6）：113-127.

[203]赵瑞丽，谭用，崔凯雯. 互联网深化、信息不确定性与企业出口平稳性 [J]. 统计研究，2021（7）：32-46.

[204]周茂，等. 人力资本扩张与中国城市制造业出口升级：来自高校扩招的证据 [J]. 管理世界，2019（5）：64-77.